[監修] 木村俊一
Minervaファイナンス講座
3

コーポレート・ファイナンス

澤木勝茂/鈴木淳生 著

ミネルヴァ書房

Minervaファイナンス講座発刊にあたって

現代社会における情報通信技術と金融技術の重要性は論を待たないであろう．しかし，情報通信技術に関する我が国の研究・教育水準は世界的なレベルにあるものの，金融技術あるいはその学問的体系である金融工学への取組みは，欧米に比して10年の遅れがあると指摘されている．この大きな要因としては，金融工学に関する教育体制の不備と研究者の不足が挙げられる．近年，社会人を主たる対象とした専門職大学院において金融工学に関する教育が一部行われているが，学部レベルの体系的教育は未だ不十分である．社会科学を基盤とした組織を核として行われている点が我が国の教育体制の特徴であり，同時に金融工学の一層の進展を妨げている原因でもある．金融工学のもつ文理融合的特性を踏まえると，文理の違いに囚われることなく，鋭い金融センスと優れた数理的分析能力をもつ実務家と研究者を数多く育てることが，我が国の金融工学を国際的水準にまで高めるための喫緊の課題であると考えられる．本講座の目的は，こうした時代的要請に鑑み，金融工学を学ぶ学部学生，大学院生，実務家のための標準的なテキストを提供することにある．講座は全5巻から成り，第1巻は金融工学を学ぶ上で必須の数理的素養である確率過程・確率解析を，第2巻と第3巻は学部3年生向けの標準的教育内容である証券投資と企業財務をそれぞれ扱っている．また，第4巻と第5巻では，これらの基礎に立って，学部4年生もしくはビジネススクールなどの大学院修士レベルでの入門的テキストとして，実務上も重要な派生資産の価格付け理論とリスクマネジメントを扱っている．これらの主題は金融工学の中核を成すだけでなく，その理論は企業の投資戦略や排出量取引などの環境政策を論ずるリアルオプション理論にも応用されている．本講座が，我が国の金融工学とその関連分野発展の一助になれば幸いである．

2010年11月

監修者　木村俊一

まえがき

　本書はコーポレート・ファイナンスの入門書として書かれたものであるが，財務的意思決定の視点を重視して書いた．他の成書との差異化を意図して，伝統的テーマと最近のテーマとをバランスを取りながら議論が展開するように配慮した．ダイナミックな厳しい経営環境の下で企業経営者，特に財務担当者は日々の財務的意思決定の問題と中長期的な財務戦略の策定に直面している．このような財務的意思決定の問題を分析し，解決するための伝統的な理論と新しい技術，手法を判り易く解説するように心掛けた．問題解決の技術や数理的手法を経営者や財務担当者にとってブラック・ボックス化することがあってはならない．理論と実務の架橋は極めて重要なことであり，そのための基本的な知識と手法を身につけることは自らの能力を高め，問題発見解決型の人材育成にとって不可欠である．本書は学生ばかりでなく，企業の会計・財務担当者も読者と想定している．

　本書では，企業や組織が直面する財務的問題を幅広く取り挙げた．それらの問題を可能な限り意思決定の観点から論じ，問題解決の実行可能な手法を述べた．そのための情報は既存の会計財務情報から得られるものを前提とした．本書で取り挙げた理論やモデル・手法は，利用可能なデータに基づいて財務管理上の問題に適用できるように配慮して記述した．

　最近のファイナンス理論は，ミクロ経済学の基礎としての「企業経済学」と「金融経済学」から大きな影響を受けてきた．著者は本書と本シリーズの第2巻の証券投資論はそのような潮流に沿って書いたが，本書は，あえて企業の財務担

当者が抱える問題や日常業務で直面する課題に論理的なサポートを提供することに主眼を置いている．そのため最近のコーポレート・ファイナンスのテキストからは削除されているテーマについても，例えば第3章，第4章，第6章において詳しく解説した．一方，第7章，第8章，第9章はコーポレート・ファイナンスの最近の研究成果や今後より重要になると思われるテーマについて述べている．第7章は金融工学の成果と学部レベルの金融工学教育を配慮して書かれている．2009年に発生した金融危機においてその原因と再発防止策についても述べてある．

　本書は教科書であるので，本書によってコーポレート・ファイナンスの全体的な枠組みと個別の管理手法の両方を読者が身につけることを願っている．そのためには読者は，例題や演習問題を自ら解く，計算するということを心掛けていただきたい．基本概念や用語はしばしば繰り返し出てくる．複雑な数学や手法は可能な限り避けて書いてあるので，ファイナンスの専門用語に従えば本書のみで自己充足（セルフ・ファイナンシング）している．

　本書を執筆するに当り，巻末に引用してある数多くの成書と論文を参考にした．教科書という性格上，いちいち言及しなかったことをお許し願いたい．また，文書の入力や図・表の作成では澤木研究室所属でリサーチ・アシスタントの鵜飼尚君にはすっかりお世話になったことを記して深謝したい．また，著者達の多忙な日常を理由にして出版が延びのびになったにも拘らず，寛容と忍耐でもって見守っていただいたミネルヴァ書房の堀川健太郎氏に深く感謝したい．

2011年2月

澤木勝茂
鈴木淳生

コーポレート・ファイナンス
目　次

まえがき

第1章　企業とファイナンス …………………………………………1
1.1　企業におけるファイナンスの機能……1
1.2　投資に係る意思決定……3
1.3　企業目的としての企業価値最大化……4
1.4　リスクとリターン……6
1.5　資本市場……9
演習問題……12

第2章　現在価値と財務計画 ……………………………………13
2.1　現在価値とその計算……13
2.2　資本コストと機会費用……17
2.3　内部収益率と回収期間……20
2.4　金融資産の評価……23
2.5　財務計画と財務分析……26
2.5.1　流動性の尺度……27
2.5.2　支払能力の尺度……28
2.5.3　収益性の尺度……28
2.5.4　予算管理……30
演習問題……30

第3章　資本予算の管理　……33

3.1　損益分析と予算化……34
3.2　確実性の下での投資決定……38
3.2.1　正味現在価値による基準……39
3.2.2　内部収益率による基準……40
3.2.3　費用便益比率による基準……42
3.2.4　回収期間による基準……43
3.3　不確実性の下での意思決定……45
3.3.1　リスク調整済割引法……46
3.3.2　平均資本コスト法……47
3.3.3　株式の資本コスト……49
3.4　固定資産の管理……51
3.4.1　最適法人税—減価償却法……51
3.4.2　除却（処分）の意思決定……53
3.4.3　負の投資の意思決定……55

演習問題……55

第4章　運転資本の管理　……59

4.1　資金管理……59
4.2　在庫管理……61
4.2.1　在庫費用……62
4.2.2　経済発注量モデル……62
4.3　受取勘定の管理……65
4.4　信用リスクの管理……67

演習問題……69

目 次

第5章　資本構成と配当政策 …………………………………… 71
5.1　資金調達と負債の管理……71
5.2　負債の満期と長短期のタイミング……81
5.3　配当政策と内部資金調達……85
5.4　配当政策と企業価値……87
演習問題……90

第6章　長期と短期の資本調達 …………………………………… 93
6.1　企業の資金調達……93
6.2　株式による資金調達……95
6.3　負債による長期資金の調達……98
　6.3.1　社債の償還……99
　6.3.2　転換社債……101
6.4　ターム・ローンとリースによる資金調達……103
　6.4.1　ターム・ローン……104
　6.4.2　リース……106
6.5　短期の資金調達……108
演習問題……110

第7章　オプションと新金融商品 ………………………………… 113
7.1　オプション，デリバティブおよび仕組商品……113
　7.1.1　デリバティブ……113
　7.1.2　オプションと二項モデル……115
　7.1.3　仕組債……125
7.2　新しい金融商品……127
7.3　最適停止とオプション評価……128

 7.4 リアルオプション……130
 7.5 転換社債……131
 7.6 金融危機と金融工学……136
  7.6.1 金融危機の起こった原因……136
  7.6.2 信用デリバティブスワップ（CDS）……138
 演習問題……140

第8章　合併と買収および企業の再構築　……143
 8.1 企業はなぜ合併（買収）をするのか……143
 8.2 合併・買収の成立要件……146
 8.3 合併・買収の評価……147
 8.4 資本と組織の再構築……149
 演習問題……153

第9章　ガバナンスと社会的責任　……155
 9.1 企業は誰のものか……155
 9.2 コーポレート・ガバナンス……156
 9.3 企業の社会的責任……158
 演習問題……160

演習問題解答……161
正規分布表……179
参考文献……181
索　　引……187

第1章

企業とファイナンス

　企業は，今日のグローバル化した世界の下で最も重要な組織である．なぜなら人々の雇用を生み出し，財やサービスを広く社会に提供することで富と質の高い生活を人々に提供すべく活動する組織であるからである．このような企業はヒト・モノ・カネ・情報に関して様々な機能を有している．もしこの企業が製造業に従事しているならば，製品の原材料を調達し，労働者を雇用し，機械設備を購入し，長い生産・流通経路を経て消費者に届けることが企業活動である．もし企業が金融機関，レジャー産業や輸送業などのサービス業ならば，提供するサービスを通して顧客満足を高めるための活動としてヒト・モノ・カネ・情報を必要とする．企業はこれらの活動に資金を必要とする．企業活動に必要な資金をどのように調達し，どの活動分野に投資すれば良いのか．コーポレート・ファイナンスは，企業の資金に関する機能と役割を学ぶ経営学の分野である．

1.1　企業におけるファイナンスの機能

　企業は，投資家や金融機関からお金を調達し，調達した資金を用いて製品やサービスを消費者に届け，収益を得るためにはその資金をどのように配分するかを考える．ファイナンスの機能は，企業の他の機能と同様に，企業を取り巻く環境変化とともに絶えず進化している．生産活動やサービスの提供に必要とする資金流出と売上等からの資金流入との間には常に時間的遅れがある．可能な限り安い費用で資金を調達し，将来，大きな利益をもたらしてくれる分野に資金を

配分し投資するファイナンス上の意思決定を企業経営者はしなければならない．しかし，ファイナンス上の意思決定の結果が将来どうなるかを確実に予測することは不可能であるが，企業が財務的破綻に直面する事態を回避し，将来の財務的体質を向上させる方向を予測することは可能である．将来発生する支払額を予想し，支払義務を実行するに必要な資金を手当てし，余裕資金を有効に活用することが今も昔も財務担当者の仕事である．予算を計画し，その執行をコントロールし，投資決定の判断に必要な財務データを準備したり，資本構成や配当政策を提案し，合併・買収の資金計画や資産査定など今日のファイナンスが取り組むべき分野は拡大し続けている．さらにデリバティブやオプションなどの新しい金融商品が次々と開発される今日の資本市場では，財務担当者の役割とその重要性も大きくなった．株式と債券が主要な資金調達の手段であった時代とは異なり，今日の企業にとって様々な資金調達と資産運用ならびに投資手段が利用可能である．資本構成と資本コストの概念や資産評価理論もまたこの傾向を反映している．たとえば，Modigliani and Miller (1958) の命題に従えば，企業の資本コストは，資本構成から独立であって，その企業のビジネスリスクのみに依存すると主張した．一方，伝統的なファイナンス理論は，負債による資金調達は，総負債額がある一定の合理的水準に留まる限り，企業にとっての全体的な資本コストを減少させると主張する．この違いは，後述する完全な資本市場を仮定するか否かによって生じたものである．今日の会計基準の下では，貸借対照表に記載されないデリバティブ等の新金融商品の出現で，この議論もまたより複雑になってきている．Markowitz (1959) のポートフォリオ選択モデルは，リスクという概念を定量的に把握する尺度を確率論における分散（または標準偏差）によって代替することを提案した．これはリスクの尺度を用意したものであって，リスク概念の一側面を把握して計量的に表現しようとするものである．Markowitz のリスクの定量的尺度は，資本予算の妥当性や不確実性の下での有価証券の資本評価に大きな影響を与えた．個人と同様に企業もまた不確実な将来収益の下で様々な投資決定の問題に直面している．ある一定のリスクの下で期待収益を最大にするという最適化問題は，ハイリスク＝ハイリターンかまたはローリスク＝ローリターンの投資機会の存在を明示的に論証し，リスクとリターンの関係をモデル化することに Markowitz のモデルは貢献した．

1.2 投資に係る意思決定

　企業は，将来の企業収益やキャッシュ・フローを獲保するための投資に関する意思決定に絶えず直通している．この投資には**金融投資** (financial investment) と**実物投資** (real asset investment) がある．金融投資は，株式や社債などの有価証券をはじめとする金融商品への投資であり，余裕資金の運用である．この金融投資は資本市場の下での投資活動であり，ファイナンス理論ではポートフォリオ選択問題として取り扱われている．一方，実物投資は，土地・建物，設備や研究開発など実物資産への投資である．実物投資は企業活動としてのプロジェクトへの投資をすべきか否か，投資するとすればいくつかの投資プロジェクト案のどれを選択すべきかという財務的意思決定である．この実物投資には金融投資におけるような直接の資本市場に相当するスポット市場は一般に存在しない．個々のプロジェクトの採択または不採択の意思決定はどのような基準に基づいて行われるべきであろうか．たとえば，新しい工場をどこにどの程度の規模のものを建設すべきか，現行の機械設備をいつどの新しい設備と取り替えるべきか，あるいは現在の事業の1つまたは複数を整理したり撤退するか否かなどの意思決定に企業は資金をどのように配分するかの問題は，実物投資に係る意思決定である．このような意思決定問題は古くからはファイナンス分野では資本資産問題として扱われてきた．本書では第2章において，このような投資プロジェクトを評価し採択する基準について正味現在価値という概念の下で説明する．中長期的なキャッシュ・フローを評価するためにお金の価値はその金額の大小ばかりでなく，時間の概念と一緒に考察されなければならない．今日の100円は明日の100円よりも価値は大きいという考えはファイナンスの基本である．企業は永続的に活動し，企業価値を高めるためにお金を支出（投資）し，企業活動を通してこの投資したお金を回収することを目的とする組織である．企業が永続的に存在し続けるためにどの事業を立ち上げ，実行可能な投資案の中からどの案を採択するかは企業の将来価値にとって重要な意思決定の問題である．このような投資に関する意思決定には資金を必要とする．必要とする資金をどのように調達すればよいのか．株式か負債によって調達するならば，その調達比率はどの程度にすべきか．この調達方法はその企業の資本コストに大きな影響を与える．採

択した投資プロジェクトが将来もたらすであろうキャッシュ・フローにはリスクが存在するが，そのキャッシュ・フローから得られる収益率は初期投資に要した資本コストよりも大きくあらねばならない．新しい機械を購入したり，新工場を建設したり，新商品の開発や従業員を再訓練するには実行時に資金を必要とするが，その投資の果実としてのキャッシュ・フローが得られるのは将来の時点であり，その大きさは不確実である．時間にまたがるキャッシュ・フローと不確実性が存在する投資プロジェクトを評価するモデルを次章で議論する．このような実物投資への投資プロジェクトの現在価値が投資コストの現在価値を上回るならば，投資プロジェクトによって将来の企業価値は増加し，その反映として企業の株価もまた増加する．財務的意思決定は，企業目的との整合性を達成するものでなければならないという意味で，企業目的と整合的かつ一貫的でなければならない．伝統的なファイナンス理論が企業の財務的機能や制度を記述することに焦点を置いてきたが，現代ファイナンス理論は企業の財務的意思決定の最適化により強い視点を置いている．その違いは，伝統的アプローチによる記述的・制度的側面と比較して，新しいファイナンス理論はより解析的・理論的内容を強調することからきている．本書もまた，財務的意思決定は企業目的の視点から判断すべきであるとの立場である．次節では，この企業目的とは何かについて述べる．

1.3　企業目的としての企業価値最大化

　企業は何のために誰のために存在するか．企業には，確かに株主だけでなく多くの債権者，従業員，取引業者および無数の顧客など数多くのステーク・ホルダー（利害関係者）が存在する．この意味で企業もまた社会的存在である．伝統的なファイナンス理論では，企業はリスクマネーを提供した株主のものであり，法的にも株主からなる**株主総会**が企業の最高意思決定機関である．社会に商品とサービスを提供し，雇用を生み出し従業員に給与を支払い，リスクマネー提供者としての株主へ配当をするなどの企業活動を通して，社会的福利を絶えず再生産することが企業の第一義的目的であることに異論は少ないであろう．本書では，**企業価値の最大化**を企業目的と定義することにする．もしその企業価値が株主資本のみによって成り立っているかまたは社債が固定的かつ確定的な無リスク証券ならば，企業価値最大化の目的は株主の価値すなわち，株価を最大化する

ことに一致する．この株価を最大化することを企業目的として受け入れる理由として少なくとも次の2つが考えられる．リスクマネーの提供者である投資家としての株主は，投資からのリターンを増大したいと願っている．この株主の要求に現実的に応えたいと経営者が考えることが理由の1つである．もう1つの理由は，より理論的かつ基本的なもので，経営者は代理人（エージェント）であって株主こそ主権者（プリンシパル）であることによる．株主の最大の関心事である株価最大化に応えることは経営者の義務という考え方である．企業価値を反映する株価は，将来の企業の中長期的なキャッシュ・フローを織込んで市場メカニズムの下で決定されるものである．一方，総売上高や1株当り収益率は，短期的指標であって中長期的な企業価値の増加を保証するものではなく，企業の所有者である株主の目的とは必ずしも一致しない．増資によって資金調達を行い新しい事業に投資したとき，この新事業が収益を増加させたとしても，1株当り収益率が増加するか減少するかは初期投資以上の投資効果すなわち将来のキャッシュ・フローの大小に依存する．なぜならば，新株発行後の株数が総利益の純増以上に発行されるならば，株価収益率は減少するからである．株価収益率が増加したとしても市場の参加者である投資家が将来，キャッシュ・フローの劣化が起こると信じるならば株価は下落する．

現代ファイナンス理論では「株価はランダム・ウォークする」と仮定している．この仮定は，資本市場についての強い仮定である完全で効率的市場を前提としたものである．本書においても，株価に影響を与える情報が瞬時に株価に反映されるという取引に関する強い仮定の下で，有価証券および新金融商品の価格が満たすべき関係式について詳しく議論する．オプション理論では，ランダム・ウォークの仮定の下で単純で明快な価格式が導出できる．理論的長所は明らかであるが，この仮定は必ずしも現実の実務と整合的でない．株価についての実証研究も数多くあるが，中長期に企業の株価を増加させるために企業価値最大化を企業目的とする伝統的な考え方を否定する程度に有意ではない．第1章1.5節で資産価格がランダムに変動する効率的資本市場について説明するが，企業目的を株価の最大化とすることは，総利益や株価収益率を最大化することよりも適切な目的である．なぜなら，効率的資本市場の下では，株価の最大化を目指す財務的決定は長期的には企業価値を高めるからである．

1.4 リスクとリターン

　企業価値を形成する収益は，時間軸を横断する将来のキャッシュ・フローから生じるものである．しかし，時間軸が存在するところには必ず不確実性としてのリスクもまた存在する．実物投資におけるリスクは，投資した事業から果実としての将来のキャッシュ・フローが変動することであり，確定的に予測できないことである．金融投資では購入しポートフォリオに組込んだ有価証券の価格が変動し，投資収益が変動することである．個々の証券価格の変動を制御することは不可能であるから，その証券を組合せたポートフォリオ全体の収益の変動リスクを如何に制御するかがポートフォリオ選択問題である．本書では，このリスクをリターンと組合せてリスクを如何に測定しコントロールするかを分析する．金融資産の価格が変動することを**リスク** (risk) の下にあると呼び，この変動する現象をある定量的な数値でもって代替する量を**リスク尺度** (risk measure) と呼ぶ．たとえば，株価がブラウン運動に従って変動するとき，株価はリスク資産と呼び，ブラウン運動の標準偏差（ボラティリティ）によってリスクを代替するならば，標準偏差はリスク尺度である．どのようなリスク尺度を採用するかは意思決定者である投資家のリスクへの態度に依存する．効用関数の凹度によるArrow and Pratt のリスク回避度，絶対偏差，下方半分散，安全第一基準，期待損失，最大損失などの様々なリスク尺度が提案されている．どのリスク尺度を採用すべきかを教えてくれるリスク尺度は無く，それは意思決定者が自らのリスクへの態度にふさわしいリスク尺度を選ぶべき問題である．

　リターン (return) は，実物投資にあっては，投資プロジェクトから回収される利益である．初期投資 C 円を投入して，回収した収益 (yeild) が R ならば $R - C$ はリターンである．$(R - C)/C$ を**収益率**と呼ぶ．金融投資ではある資産の購入原価と現在価格との差に金利や配当を加えたものをリターンと呼ぶ．P_0 円で購入した証券が現在 P_1 円で，配当が D 円とすれば，$P_1 - P_0 > 0$ ならばその差を資本利得と呼び，$P_1 - P_0 < 0$ ならば資本損失と呼ぶ．$P_1 - P_0 + D$ をリターンと呼び，$(P_1 - P_0 + D)/P_0$ を収益率と呼ぶ．金融投資では配当等がないとき，比率 P_1/P_0 を収益と呼ぶこともある．資産が株式，債券ならば，配当またはクーポン（金利）を含めて投資元本に対する収益の割合を**利回り**と呼ぶ．

ここで重要なことは，リスクとリターンは相互に密接に関係していることだ．ファイナンスの想定する世界（完全で効率的市場）では，リターンを高めればリスクも高まり，リスクを減少しようとすればリターンを減少することである．すなわち，両者はトレードオフの関係にある．多くの投資家や企業経営者はより大きなリターンとより小さなリスクからなる投資案を追求する．しかし，より大きなリターンを求める意思決定者はより大きなリスクを許容せざるを得ないということである．このことをファイナンスではハイリスク＝ハイリターンの原則と呼ぶ．金融投資の場合，投資家が株式，債券やその他の金融資産を保有したとき，この資産目録をポートフォリオ (portfolio) と呼ぶ．このとき投資家は個々の資産のリターンとリスクよりもポートフォリオ全体のリターンとリスクにより大きな関心をもつ．特に，個々の資産のリターンとリスクが相互に関係しているか否かは，どのような資産の組合せであるポートフォリオをもつかについての投資家の意思決定にとって重要である．本シリーズの第 2 巻「証券投資論」では，これについて詳しく論じている．特に，ある資産の期待リターンとそのリスクの関係を論じる資本資産評価モデル (CAPM) は重要なテーマで，その関係式は証券市場線と呼ばれるが，詳しくは第 2 巻を参照されたい．

リスクはリターンとともにあらゆる金融資産の価値を決定する主要因である．金融資産の商品特性に応じて様々なリスクが内包されている．資産価格の変動リスクは，市場リスク，金利リスク，為替リスク，信用リスク，インフレリスク，カントリーリスク，経営者リスクなど様々なリスクにさらされている．リターンはこれらのリスクの度合いに応じて変動する．この変動するリターンは，リスクを引き受けたことに対する果実と考えてよい．図 1.1 は，過去 50 年 600 ヶ月の日本株による日経平均株価の月次リターンを横軸に，その頻度を縦軸にとったグラフである．この図 1.1 から 2008 年 10 月の金融危機がいかに例外的な事象であったかがわかる．日経平均株価の月次リターンは資本損失よりも資本利得が実現した回数が多いこと，長期的なリスクとリターンの実績は悪くはないことも読み取ることができるが，1960 年代から 1970 年代前半までは高度成長の期間であり，その後 1990 年頃までは安定成長の時代であった．特に 1985 年から 1990 年頃までバブル経済の時代を経験した．その後，1992 年以降は低成長時代が永く続いている．

第1章　企業とファイナンス

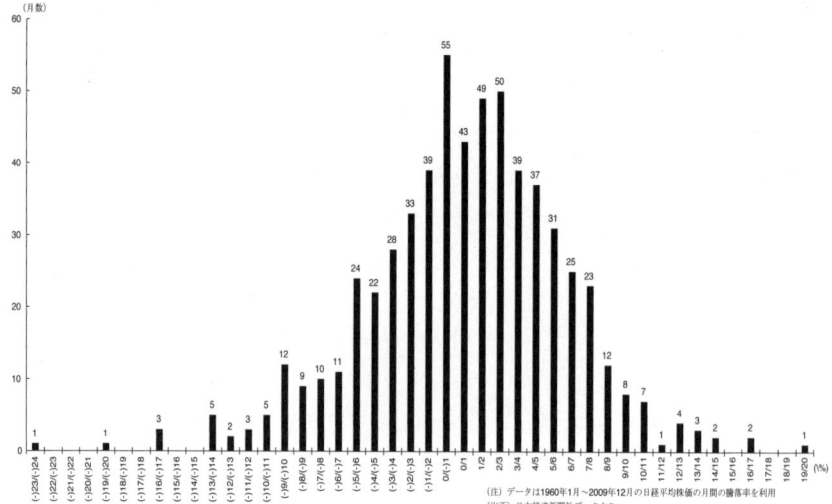

図 1.1　日経平均株価のリターン

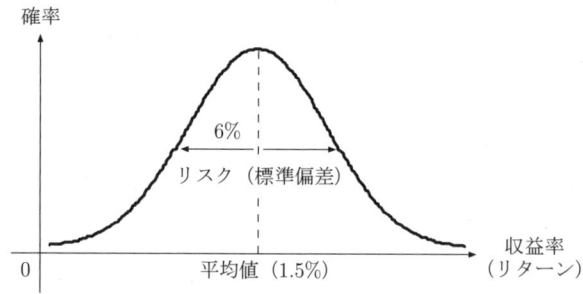

図 1.2　正規分布

　もしこの月次分布を図1.2のような正規分布で近似するとすれば，平均リターンは約1.5%程度であり，リスクを標準偏差とすれば約6%程度である．
　ファイナンス理論では無リスク証券の存在を仮定することが多い．この無リスク証券の価格は変動しない．したがって，収益及び収益率は確定的に一意に決まる．たとえば，国債を無リスク証券とみなすことがしばしばある．この無リス

ク証券とリスク証券を組合せることで新しい金融証券を組成したり，リスク証券の適切なポートフォリオを組むことで無リスク証券化する手法が，今日では開発されている．この議論は第 7 章で取り扱っている．

1.5　資本市場

　モノを生産するには労働力としての人，原材料およびお金を必要とする．モノを生産するのに必要な要素を生産要素と呼ぶ．**資本市場**はこの生産要素の 1 つであるお金，すなわち資金を調達する市場である．資本市場は資金を提供する投資家と資金を必要とする企業・組織が出会う場所である．それは，この資本市場を通して資金の効率的配分を保証し，資金を必要とする企業とその企業が発行する証券を評価する仕組みである．すなわち証券をはじめとする資産の価格形成を促進する制度である．有価証券等を取引する資本市場を証券市場と呼び，資産と現金の交換が直ちに実行される**現物市場（スポット市場）**と，取引による現物の資産の引渡しに時間的遅れのある**先物市場** (futures market) がある．これらの市場を通さずに相対取引する場合は**店頭取引** (over-the-counter) と呼ぶ．先物の店頭取引を**先渡し** (forward) と呼ぶ．ここで，先物とは，ある定められた価格で将来の特定の期日に商品を売買する義務契約のことである．一方，ある定められた価格で将来の特定の期日または期日までに商品を売買する権利を**オプション**と呼ぶ．このオプションを取引する市場を**オプション市場**という．このような証券等を売買する資本市場は次のような役割を果たしている．

(1) 資金の供給者である投資家と資金を需要する企業等の発行人とが出会い，有価証券等の金融資産を交換する場所を提供している．

(2) 有価証券等の価格をこの資本市場において認知し，投資家は投資対象である有価証券の収益率を確認し，企業等の資金調達側は自らの資本コストを計算することを可能にする．換言すれば，自己の必要とする投資収益率を求める投資家と資本コストの最小化，すなわち企業価値の最大化を追求する企業とが出会う場所である．

(3) 有価証券の買い手である投資家や売り手である発行人が金融資産の売買に伴う情報収集も含めた様々な取引費用を節約するための制度である．

第1章　企業とファイナンス

　資産の価格変動から発生する種々なリスクを別の資産や手段で軽減したり相殺することを**リスクヘッジ**という．先物市場やオプション市場は価格変動によるリスクヘッジの機能を有し，金融リスクを制御する機能を担っている．この2つの市場は，現物市場と比較して，取引費用が小さくより少ない資金でより大きな想定金額の取引をすることを可能にしている．また，現物の株式市場が実体経済よりも将来の経済環境の変化を織込んで時間的な先導的役割をもち，これを株式市場の先行性と呼んでいる．また先物市場は現物市場よりもその資産価格により早く将来の経済情報を反映する．しかし，この2つの市場での価格形成は独立に行われるものではなく，相互に影響し合う関係をもつ．

　ファイナンス理論では上述の市場について次のような仮定を設け，金融資産の価格理論を展開している．

完全な市場：
(1) 市場の参加者である投資家と発行人の数は十分に多く，何人も資産価格の決定に影響力をもたない．すなわち，資産価格は所与であり，市場の参加者はプライステーカーである．
(2) 価格および価格に影響を与える情報はすべて市場参加者に一様に等しく流布している．
(3) 税金，手数料などの取引費用は存在せず，取引上の制約はない．資産をどのように分割したり集約しても取引が可能である．さらに，ある一定の利子率で資金をどれだけでも借りたり貸したりすることが可能である．この仮定 (3) を満たす市場を**摩擦のない市場**と呼ぶ．

　ファイナンス理論では，仮定 (1)，(2)，(3) を満たす価格のダイナミックスが与えられ，この価格変動式の下でポートフォリオ選択モデルや資本資産評価モデルが構築されてきた．特に，仮定 (3) の下では，後述するデルタ・ヘッジ戦略やリスク中立確率の下での「裁定機会の無存在」を想定した評価理論が議論されている．この完全な資本市場に加えて，市場の価格形成に関する情報浸透の仮定が，効率的市場に関する仮定である．すなわち，「**効率的な市場**とは，金融資産の価格に影響を与える全ての情報は，時々刻々として価格に反映されている市場である」．したがって，市場参加者は価格のみを観察して財務的意思決定をすれ

ば充分であるという意味で，資産価格は資産情報に関する十分統計量である．この効率的市場の下で，市場参加者はリスクと取引費用を差し引いた以上の超過収益を長期間，一貫して獲得することは不可能ということになる．資本市場の資産価格が市場の経済情報をどの程度反映するかの仕方を情報構造としてより詳しく分類することによって，弱効率的，半効率的および強効率的な資産市場に分類して論じることも可能である．

　効率的な市場は，企業活動がもたらす将来のキャッシュ・フローを適切に反映して価格形成が行われていることを保証する仮定である．一方，完全な市場は，取引費用が存在しない下での市場参加者はすべて同様の等しい情報の下で価格支配力をもたないという仮定である．この仮定の下では，将来の投資収益の現在価値は初期投資に等しいという意味で金融投資プロジェクトの純正味現在価値はゼロに等しい．一方，実物投資については，裁定機会の無存在を保証するような裁定取引の調整メカニズムは必ずしも機能しない．金融資産に対するような資本市場が存在しない実物資産は，情報の一様性や効率的市場の仮定が成立しないばかりでなく，摩擦のない市場からは程遠い市場であり，そこでの取引の多くは相対取引であるだろう．したがって，実物投資では純正味現在価値がプラスとなる投資プロジェクトのみが採択される．

　しかし，完全な効率的市場の下で資本資産に係る評価理論が空理空論ということではない．資産価格のファンダメンタル・バリューはこの想定する市場の下での理論価格であり，ベンチマークとしての役割をいささかも毀損するものではない．現実の市場が仮定する資産市場と相違することが，理論価格をどの程度に修正することを必要とするかを示唆するばかりでなく，現実の価格が理論価格よりも大きく乖離したときは，市場において調整機能が働いて価格の洗い直しを誘発するからである．もしそうでなければ政策当局が何ら政策手段をもたないばかりでなく，ファイナンス理論にも政策提案能力がないということになる．架空とはいえ，理想的な完全で効率的資本市場を想定することによって，ファイナンス理論は企業活動とそこで生み出されるキャッシュ・フローに対する資本市場の評価の妥当性・正当性およびその理論的根拠をもつことになる．

第1章 企業とファイナンス

演習問題

問題 1.1 企業の財務的機能について述べなさい．

問題 1.2 ファイナンスの伝統的概念について述べ，新しいファイナンス理論との違いについて説明しなさい．

問題 1.3 リスクとリターンの関係について述べ，リスクの尺度について説明しなさい．

問題 1.4 企業の内部収益率を投資収益の現在価値と投資コストとを等しくする割引率と定義しよう．この内部収益率は経済学が教えるところの投資の限界的効率性と同じか，または別のものか．

問題 1.5 完全で効率的資本市場とはどんな市場で，そのような市場が果たす役割について述べなさい．

問題 1.6 どのような条件の下で株価最大化は企業目的と整合性をもつか述べなさい．

第2章

現在価値と財務計画

　ファイナンスの基本的な考え方の1つは，今日の1円は1年後の1円とは異なるということである．今日，銀行に100万円預金すれば，1年後にはこの100万円に金利(利子，interest)が追加されて預金者の手元に戻ってくる．換言すれば，1年後の100万円と金利の合計は，今日の価値としては100万円であるということである．企業活動の結果として企業には多くの現金流が流入し，一方で企業活動を実行するに伴い現金流の流出が発生する．これらの現金の流出入のデータが企業の流動性および支払能力を規定し，企業の収益性を測定することによって企業の財務的評価に繋がっている．経済学者のSamuelsonがかつて述べた「数学もまた1つの言語である」という名言に倣うならば，ビジネスは会計とファイナンスの言語で語られている．

　本章では，企業が財務的意思決定をするに当り，その主要な方法について述べる．前章で，企業目的は企業価値を最大にすることであると述べた．この企業価値は，発行株式の時価総額と社債等の債権の評価額の和である．株式の時価や債券の評価はどのように行われるのであろうか．これらを理解するために**正味現在価値** (Net Present Value, NPV) の説明からはじめよう．

2.1　現在価値とその計算

　今日，ある一定の金額を銀行に預金すれば1年後にはこの金額とその金利が戻ってくる．今日の金額は，1年後にはより大きな価値をもたらすことであり，

第2章 現在価値と財務計画

逆に，1年後の金額の今日の価値はより小さく評価されることを意味する．すなわち，異なる時点での同一の金額は異なる価値をもつ．これを金額の**時間価値** (time value of money) と呼ぶ．

ある投資の1年当りの利子率が $r(\%)$ であるとき，t 年後に受け取る1万円の今の価値を t 年後の1万円の**現在価値** (present value) と呼び，それを P とすれば

$$P = \frac{1}{(1+r)^t} \tag{2.1}$$

万円である．もしこの投資に投資コスト C が期首 $t = 0$ において掛かるなら，この現在価値と投資コストとの差 $[1/(1+r)^t - C]$ を**正味現在価値**という．図 2.1 は (2.1) 式を図示したものである．

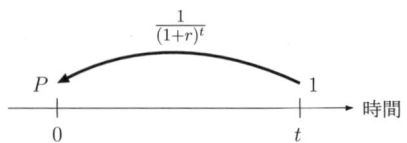

図 2.1　t 年後の1万円の現在価値

図 2.2 は，横軸に年数 t をとり，利子率 r ごとに描いた (2.1) 式の現在価値を縦軸に表したものである．この1万円を T 年間に亘って毎年受け取るときの現在価値 P_T は

$$\begin{aligned} P_T &= \frac{1}{(1+r)} + \frac{1}{(1+r)^2} + \cdots + \frac{1}{(1+r)^T} \\ &= \frac{1-(1+r)^{-T}}{r} \end{aligned} \tag{2.2}$$

万円である．(2.1) 式より，P は r と t の減少関数である．$T \to \infty$ のとき $P \to 1/r$ となる．すなわち，1万円を永久に亘って受け取る権利（たとえば永久割引債）の現在価値は $1/r$ 万円である．年当り r の利子率のとき，現在の金額1単位を将来の時点 t で評価した将来価値を F とすれば，F は

$$F = (1+r)^t \tag{2.3}$$

2.1 現在価値とその計算

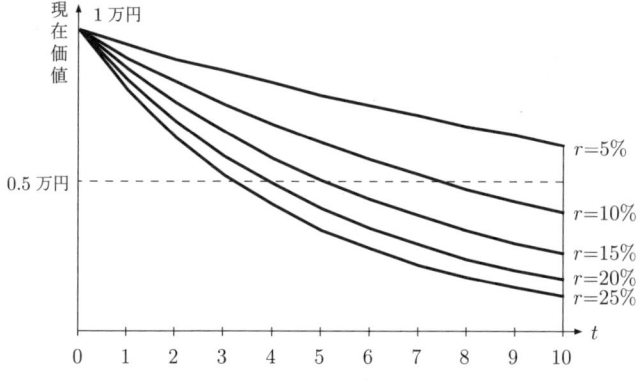

図 2.2 1万円の現在価値

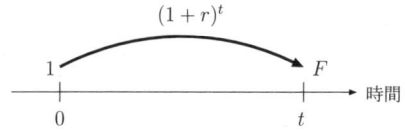

図 2.3 t 年後の 1 万円の将来価値

である.したがって,T 期間に亘って毎年 1 万円ずつ受け取るとき T 年後の**将来価値** (future value)F_T は

$$F_T = (1+r)^{T-1} + (1+r)^{T-2} + \cdots + (1+r)^1 + (1+r)^0$$
$$= \frac{(1+r)^T - 1}{r} \tag{2.4}$$

万円である.(2.1) 式と (2.3) 式を比較すれば,現在価値 P と将来価値 F との関係がわかる.すなわち

$$P \cdot F = 1 \tag{2.5}$$

が成立する.F または P のいずれか一方の値がわかれば他の値が計算できる.

第2章　現在価値と財務計画

(2.3) 式において半年複利で年間利子率が r ならば，(2.3) 式は

$$\left(1+\frac{r}{2}\right)^{2t}$$

となる．たとえば，年間利子率 4% で半年複利で 100 万円を借り入れるならば，5 年間後の返却額は

$$100\left(1+\frac{0.04}{2}\right)^{2\cdot 5} = 100(1+0.02)^{10} \fallingdotseq 121.892$$

となる．利子率が複利である場合，複利計算された元本と利子の元利合計に利子が課せられるので，年間利子率（名目利子率と呼ぶ）ばかりでなく複利計算の元となる実質利子率の大きさに注目すべきである．実質利子率を r_0 とすれば

$$r_0 = \frac{返済額 - 元本}{元本} \tag{2.6}$$

である．たとえば，3ヶ月複利で名目利子率 r で 100 万円を 1 年間借りたときの実質利子率 r_0 は

$$r_0 = \frac{100\left(1+\frac{r}{4}\right)^4 - 100}{100} = \left(1+\frac{r}{4}\right)^4 - 1$$

となる．もし名目利子率 8% で 3ヶ月複利でカードローンによって 100 万円借り入れたとすれば，1 年後の返済額は

$$100\left(1+\frac{0.08}{4}\right)^4 = 100(1+0.2)^4 = 108.240$$

となるから，利子の返済額は 8% の 8 万円ではなく，8 万 2400 円である．

つぎに年間の名目利子率を限りなく分割して連続複利で元本 P を T 年間借り入れる場合を考えよう．T 年後の返済額は

$$P \lim_{n \to \infty} \left(1+\frac{r}{n}\right)^{nT} = P\left(\lim_{n \to \infty}\left(1+\frac{r}{n}\right)^n\right)^T = Pe^{rT} \tag{2.7}$$

となる。T 年後の実質利子率 r_0 は

$$r_0 = \frac{Pe^{rT} - P}{P} = e^{rT} - 1$$

となる。もし $r = 0.01$ で $T = 5$ ならば，$r_0 = e^{0.05} - 1 ≒ 0.05127$ である。(2.7) 式は名目利子率 r の下で預金の元利合計が 2 倍になる年数を求めるのに便利である。(2.7) 式より

$$Pe^{rt} = 2P$$

となる t を求めるために，両辺の対数をとれば

$$rt = \log 2$$

すなわち，元本が 2 倍となる年数 t^* は

$$t^* = \frac{\log 2}{r} ≒ \frac{0.693}{r} \tag{2.8}$$

となる。もし，$r = 0.1$ ならば，約 6.9 年で元本は 2 倍になる。$r = 0.01$ ならば t^* は約 69 年である。表 2.1 はいろいろな r の値に対する t^* の値を与えている。今日のゼロ金利に近い $r = 0.001$ ならば元本が 2 倍になるのに約 700 年要することになる。

表 2.1 元本が 2 倍になる r と t^*

r	t^*
0.001	693
0.01	69
0.02	35
0.03	23.33
0.05	14
0.07	10
0.10	6.9

2.2 資本コストと機会費用

第 1 章において投資には株式や債券等の有価証券への金融投資と新規事業やプロジェクトなどへの実物投資の 2 つがあることを述べた。ここでは，後者の実

物投資に限定して，投資プロジェクトから得られる現金流の評価について述べる．ある投資プロジェクトの初期投資額よりも大きな現金流をもたらす現在価値はどのプロジェクトであるか，またある投資プロジェクトの採用または棄却は利子率がどの程度の値に基づいて意思決定されるべきかを考える．この問題は，投資プロジェクトの正味現在価値を計算するに当り，どのような割引率，資本の機会費用，すなわち資本コストを適用するべきであるかと密接に関係している．

企業がある投資プロジェクトに初期投資 I を投資することによって P の収益が得られるならば，このプロジェクトの**収益率** (rate of return)R は

$$R = \frac{P-I}{I} \tag{2.9}$$

である．たとえば，$I = 350$（万円），$P = 400$（万円）ならば，$R = 0.14$（14%）である．この投資額を調達するために要した費用を**資本コスト** (cost of capital) と呼ぶ．またその資金を他に転用したことによって失われた利益を**資本の機会費用** (opportunity cost of capital) と呼ぶ．前述の例で，この資本の機会費用が 12% ならば，投資プロジェクトの収益率は 14% であったので，このプロジェクトは採用すべきである．このように投資プロジェクトが採用されるためにはプロジェクトの収益率は，資本コストや機会費用より大きくあらねばならない．

例 2.1 3つの投資プロジェクト A（新商品開発のための研究に投資する），プロジェクト B（機械設備を更新する），プロジェクト C（新しい工場を建設する）があり，その今後 5 年間の現金流（収益）は表 2.2 で与えられている．

表 2.2　各プロジェクトの現金流

プロジェクト＼t	1	2	3	4	5	合計
プロジェクト A	8	12	14	16	24	74
プロジェクト B	15	15	15	14	14	73
プロジェクト C	20	16	14	12	8	70

もし初期投資額がどのプロジェクトも同額であると仮定すれば，最も大きな現在価値をもたらすプロジェクトが最も望ましい．プロジェクトごとの現在価値

は利子率に依存するので,利子率 $r = 0.01, 0.10, 0.20, 0.30$ ごとにプロジェクトの現在価値を計算したものが表 2.3 である.

表 2.3 プロジェクトの正味現在価値 (NPV)

プロジェクト \ r	0.01	0.10	0.20	0.30
プロジェクト A	71.48	53.54	40.46	31.69
プロジェクト B	70.89	55.56	43.98	35.91
プロジェクト C	68.22	55.09	44.88	37.58

もし $r = 0.01$ ならば,現金流が時間とともに増加するプロジェクト A が最も望ましく,$r = 0.30$ ならば,前半に現金流が大きいプロジェクト C が最も望ましい.$r = 0.10$ と 0.20 のときは,現金流の変動の小さいプロジェクト B が最も望ましいことがわかる.利子率が低いときは,現金流の大きいプロジェクト A が採択され,利子率が高いときは総和の大きいプロジェクトが採択され易い.利子率が高いときは,後期の現金流は低く評価され,初期の現金流は高く評価されるのでプロジェクト C が採択されている.

もし各プロジェクトの初期投資額がそれぞれ $I_A = 40, I_B = 45, I_C = 50$ ならば,プロジェクト A は,$r = 0.30$ の下で採択されるべきでなく,プロジェクト B と C は,$r = 0.20$ および 0.30 の下で同様に棄却される.これを資本の機会費用と収益率から説明すると次のようになる.各プロジェクトの収益率は,$r = 0.10$ のとき

$$R_A = \frac{\sum_{t=1}^{5} \frac{a_t}{(1+r)^t} - 40}{40} = \frac{53.54 - 40}{40} = \frac{13.54}{40} = 0.3385$$

$$R_B = \frac{\sum_{t=1}^{5} \frac{b_t}{(1+r)^t} - 45}{45} = \frac{55.56 - 45}{45} = \frac{10.56}{45} = 0.2347$$

$$R_C = \frac{\sum_{t=1}^{5} \frac{c_t}{(1+r)^t} - 50}{50} = \frac{55.09 - 50}{50} = \frac{5.09}{50} = 0.1018$$

となって，プロジェクト A が採択される．もしこの企業の資本の機会費用が 20% ならば

$$R_A = \frac{40.46 - 40}{40} = 0.0115$$

$$R_B = \frac{43.98 - 45}{45} = -0.0226$$

$$R_C = \frac{44.88 - 50}{50} = -0.1024$$

となって，プロジェクト B と C は採択されない．

2.3 内部収益率と回収期間

現在価値から初期投資額を引いた正味現在価値がゼロとなる利子率 r を**内部収益率** (internal rate of return) と呼ぶ．先の例の 3 つのプロジェクトの内部収益率 r^* を計算してみよう．

プロジェクト A では $\sum_{t=1}^{5} \frac{a_t}{(1+r)^t} - 40 = 0$ となるので $r_A^* = 0.2053$ であり，

プロジェクト B では $\sum_{t=1}^{5} \frac{b_t}{(1+r)^t} - 45 = 0$ となるので $r_B^* = 0.1834$ であり，

プロジェクト C では $\sum_{t=1}^{5} \frac{c_t}{(1+r)^t} - 50 = 0$ となるので $r_C^* = 0.1386$

である．$r_A^* > r_B^* > r_C^*$ となる．すなわち，内部収益率の大小の順序は収益率の大小の順序と一致する．

内部収益率 r をより一般的な形で議論しよう．ある実物投資の初期投資額が I で，この投資によって今後 T 期間に亙って現金流 $a_1, a_2, \cdots, a_T$ が生まれると仮定する．この投資の正味現在価値を利子率 r の関数として $P(r)$ とすれば

$$P(r) = -I + \sum_{t=1}^{T} \frac{a_t}{(1+r)^t} \tag{2.10}$$

となる．$P(r^*) = 0$ となるような内部収益率 r^* は存在するであろうか．もし存在するとすれば，どのような条件の下で一意に決まるであろうか．もしすべて

2.3 内部収益率と回収期間

の t について $a_t \geq 0$ ならば, $P(r)$ は r の減少関数である. $r > -1$ に対して $\lim_{r \to -1} P(r) = \infty$ であり, かつ $\lim_{r \to \infty} P(r) = -I < 0$ であるので, 条件 $a_t \geq 0$ の下で

$$P(r^*) = 0 \tag{2.11}$$

となる内部収益率 r^* が一意に存在する. さらに, $\lim_{r \to 0} P(r) = -I + \sum_{t=1}^{T} a_t$ であるので, $I < \sum_{t=1}^{T} a_t$ ならば $r^* > 0$ であり, $I \geq \sum_{t=1}^{T} a_t$ ならば $r^* \leq 0$ である. (2.10) 式は一般に r の T 次方程式であるから, 必ずしも一意に定まらない. たとえば, $\sum_{t=1}^{T} \frac{a_t}{(1+r)^t}$ が r の単調関数でない場合は, $P(r^*) = 0$ となる r^* が複数存在する. $P(r)$ の導関数の符号が 1 回しか変化しなければ, $P(r^*) = 0$ となる r^* は少なくとも 1 つ存在する. たとえば, 最初の n 期間は $a_t < 0$, $t \leq n$ で, n 期以降 $a_t > 0$, $t > n$ ならば, $P(r^*) = 0$ となる r^* が一意に存在することを示そう.

$$\lim_{r \to -1} P(r) = \infty, \quad \lim_{r \to \infty} P(r) = -I < 0$$

であるので, (2.10) 式を r について微分すれば次の式を得る.

$$\frac{dP(r)}{dr} = -\sum_{t=1}^{n} \frac{ta_t}{(1+r)^{t+1}} - \sum_{t=n+1}^{T} \frac{ta_t}{(1+r)^{t+1}}$$

この式は, n までは $-a_t$ はプラスで n 以降はマイナスであるから, 1 回だけ符号を変える. したがって, $P(r^*) = 0$ となる r^* が一意に定まる.

$P(r)$ は r の減少関数でかつ $P(r^*) = 0$ となる内部収益率 r^* が一意に存在すると仮定しよう. このとき, $r > r^*$ となる r に対して $P(r) < 0$ であり, $r < r^*$ となる r に対して $P(r) > 0$ である. すなわち, もし利子率 r が上述の内部収益率 r^* よりも大ならば, 投資プロジェクトの正味現在価値は負 (マイナス) になるので棄却され, $r < r^*$ ならば正味現在価値は正 (プラス) になるので採用される. 財務的意思決定の基準は, 内部収益率 r^* を計算し, r^* が投資の一期当り収益率 (利子率, 割引率) よりも大であることが投資案採択の基準となる. 以上をまとめると図 2.4 を得る.

第2章 現在価値と財務計画

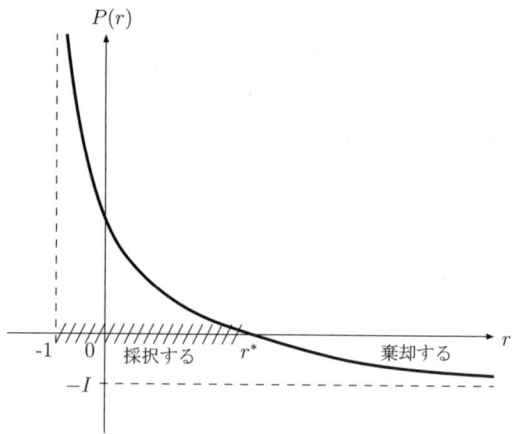

図 2.4 内部収益率と投資プロジェクトの採択

　内部収益率は投資プロジェクトの正味現在価値が丁度ゼロとなる利子率である．すなわち，投資プロジェクト自身によって内生的に生み出された収益率であって，資本市場で外生的に決定される利子率とは計算上は無関係である．しかし，内部収益率は資本市場で決定される資本コストとしての利子率とその大小は比較されなければならない．もし内部収益率が資本コストより大ならば，その投資プロジェクトはより高い収益率をもたらすという意味で価値ある投資である．それゆえ，この投資プロジェクトを実施するに必要な資金調達を資本市場等でする意義がある．r^* が内部収益率で r が資本コストとすれば，プロジェクトの正味現在価値 P は r の減少関数であり，$P(r^*) = 0$ であるので，条件 $r^* > r$ は $P(r) > 0$ となるための必要かつ十分な条件である．

　初期投資額を回収するのに要する投資果実としての現金流の期間を投資プロジェクトの**回収期間** (discount payback period) と呼ぶ．換言すれば，この回収期間の終わりでは，初期投資額の調達に必要とした資本コストで割り引いた現金流の合計額が初期投資額を上回っている．投資プロジェクトが利潤を生み始めた最初の期とみなすことができる．回収期間が短い投資プロジェクトは，回収期間の長いプロジェクトよりも望ましい．しかし，回収期間はプロジェクトの全体的な収益性を意味するものではない．なぜなら，回収期間が長くても最終的な正

味現在価値はより大きくなる場合もあるからである．一方，回収期間が長くなれば，より遠い将来の現金流は，より大きな利子率で割り引くことが適切ならば，回収期間を用いるよりも意思決定者の**時間に対する選好** (time-preference) を計算に入れることが望ましい．

例 2.2 現金流 $a_1 = 900$, $a_2 = 1400$, $a_3 = 2000$, $a_4 = 1500$, $a_5 = 1000$, $a_6 = 500$, $a_7 = 400$, $I = -5000$, $r = 0.1$ のとき

$$P(r) = -I + \sum_{i=1}^{t} \frac{a_i}{(1+r)^i} > 0$$

となる t を求めると，回収期間は $t = 5$ である．

2.4　金融資産の評価

前節では実物資産への投資プロジェクトの評価である現在価値および内部収益率について説明した．この節では，金融資産の伝統的な評価法について述べる．

代表的有価証券である株式の評価を考えよう．株式を保存する金銭的利益は，株式からの配当と株式を売却したときの価格に依る資本利得である．この金銭的利益を得るために株式を購入したいと考える価格は，株式から得られる将来の利得の規模，および投資に対して期待する収益率に依存する．すなわち，株式購入に支払ってもよいと考える価格は，将来利得を適切な割引率 r で割り引いた現在価値によって決まる．投資家が t 期間内保有することによって期待される配当がそれぞれ $D_1, D_2, \cdots, D_t$ であるとし，t 期末にこの株式を売却するときに期待される価格を P_t とすれば，現時点でのこの株式の理論上の価格 P_0 は

$$P_0 = \frac{D_1}{(1+r)} + \frac{D_2}{(1+r)^2} + \cdots + \frac{D_t}{(1+r)^t} + \frac{P_t}{(1+r)^t} \qquad (2.12)$$

で与えられる．ここでの割引率 r は，投資家が要求する収益率と呼び，投資家の時間価値および将来利得の予想に対するリスクを補償するに十分大でなければならない．(2.12) 式の現在の株価 P_0 は期待される配当 $D_1, D_2, \cdots, D_t$ と売却時に期待される価格 P_t によって表現されている．しかし，P_t は何によって決ま

るのであろうか．t を十分大にとれば，株式の現在の価格は将来の配当の無限数列の現在価値に等しいという観点から

$$P_0 = \frac{D_1}{(1+r)} + \frac{D_2}{(1+r)^2} + \cdots + \frac{D_t}{(1+r)^t} + \cdots \tag{2.13}$$

となって，P_0 は投資家が現時点で支払ってもよいと考える価格であり，それは無限に亘って受け取ると期待する配当の現在価値に等しい．このときの投資家は，(2.13) 式を満たす収益率 r を実現する．(2.13) 式において毎期の配当が D_1 に等しいならば，右辺は初項 D_1，公比 $\frac{1}{1+r}$ の無限級数となるので $P_0 = D_1/r$ である．もし配当が毎期 $q\%$ で成長するならば

$$\begin{aligned} P_0 &= \frac{D_1(1+q)}{(1+r)} + \frac{D_2(1+q)^2}{(1+r)^2} + \cdots + \frac{D_t(1+q)^t}{(1+r)^t} + \cdots \\ &= \frac{D_1(1+q)/(1+r)}{1-(1+q)/(1+r)} = \frac{D_1(1+q)}{(r-q)} \end{aligned} \tag{2.14}$$

となる．このような株式の評価法を**配当評価法**と呼ぶ．

　配当評価法に基づく株式の価格は，企業の配当支払能力に依存する．企業の配当支払能力は，企業の収益力に依存する．この立場に依れば株式の価格は，何らかの方法で調整され企業の将来収益の現在価格によって決まることになる．ここでいう調整された将来収益を理解するために，1株当り将来収益が同一であると期待される2つの企業 A，B を想定しよう．1株当り収益を達成し，同一の配当を支払続けるために企業 A は新たな投資を必要としないが，企業 B は毎期収益の内の一定額を投資し続けなければならない．企業 A と同じ1株当り収益をあげるために企業 B は新たな資金を必要とするため，企業 B の株価の価値は，企業 A のそれより低い．したがって，企業 B の収益から毎期に必要とする投資額相当を差し引かねばならない．第 t 期の収益を E_t として差し引かれる投資額を I_t とすれば，企業 B の株価の理論値 P_0 は

$$P_0 = \frac{E_1 - I_1}{1+r} + \frac{E_2 - I_2}{(1+r)^2} + \cdots + \frac{E_t - I_t}{(1+r)^t} + \cdots \tag{2.15}$$

となる．このとき，右辺の分子 $E_1 - I_1, E_2 - I_2, \cdots, E_t - I_t$ を調整された将来収益と呼ぶ．このような株価の評価法を**収益評価法**と呼ぶ．このとき r は投

資にとって要求される企業収益率である．(2.15) 式より，すべての t について $E_t - I_t \geq 0$ ならば，投資家が企業 B に要求する収益率が大きくなれば P_0 は減少する．

収益評価法は，既存の資産によって獲得された収益と将来獲得される資産が生み出す収益とを区別しない．将来の収益力に基づいて株価を評価する方法として**投資機会評価法**について述べる．この評価法の下では，企業の価値を形成する収益は，既存の資産と将来期待される成長の機会との2つによってもたらされると考える．既存資産の価値は，この資産が生み出す収益の現在価値である．一方，将来の成長機会の価値は，将来の投資規模とその投資が期待される以上の収益をあげるか否かに依存する．もし将来の投資からの期待収益が，投資家が要求する収益率より低いならば，この将来の投資が株価に与える影響はマイナスとなる．もし将来の投資の期待収益率が投資家の要求収益率よりも大きいならば，将来の投資はその企業の価値すなわち株価を引き上げる．

既存の資産のみによる毎年の収益が E であるとし，これと同程度のリスクをもつプロジェクトを実行したときの収益率を k としよう．すなわち，k は投資家の要求する収益率である．収益率 r をもつ新しい投資機会があり，1株当り K の投資額とする．ただし，r は k より大である．投資機会評価法による企業の株価 P_0 は

$$P_0 = \frac{E}{k} + \frac{K}{k}\left(\frac{r-k}{k}\right) \qquad (2.16)$$

で与えられる．ここで E/k は明らかに既存の資産によって生み出される収益の現在価値であり，$\frac{K}{k}\left(\frac{r-k}{k}\right)$ は将来の投資機会の現在価値である．(2.16) 式の右辺の第二項目は次のようにして計算される．毎期 K の投資が実行されるので，その現在価値は $-K/k$ である．この投資は毎期 Kr の収益をもたらすので，それらの現在価値は

$$\frac{Kr}{k} + \frac{Kr}{k(1+k)} + \cdots + \frac{Kr}{k(1+k)^t} + \cdots$$

である．将来の投資機会からの収益の現在価値は

$$-\frac{K}{k} + \frac{Kr}{k} + \frac{Kr}{k(1+k)} + \cdots + \frac{Kr}{k(1+k)^t} + \cdots$$

となる．K/k は将来の投資費用の現在価値であり，$(r-k)/k$ は投資家の要求収益率に対する将来の投資の超過収益性の尺度を与えている．

(2.16) 式では収益率 r の投資額 K は毎年一定であると仮定している．もし毎年の投資額が年間収益 E の $i\%$ に等しいと仮定するならば，収益は毎年 $ir\%$ で成長するので，将来の投資費用の現在価値は

$$\frac{iE}{1+k} + \frac{iE(1+ir)}{(1+k)^2} + \cdots + \frac{iE(1+ir)^t}{(1+k)^{t+1}} + \cdots = \frac{iE}{k-ir}$$

となる．したがって，毎年収益率 r の投資を iE 単位行う企業の株価 P_0 は

$$P_0 = \frac{E}{k} + \left(\frac{iE}{k-ir}\right)\left(\frac{r-k}{k}\right) \tag{2.17}$$

となって，(2.16) 式の右辺 K/k が $iE/(k-ir)$ に修正されている．いずれも既存資産と将来投資からの収益の和となっている．(2.16) 式と (2.17) 式の株価の評価式において投資家の要求収益率 k が増加すれば投資リスクが増加するので，株価 P_0 は減少する．投資家の目的が現在の配当収入であり，将来の資本利得であるので，投資家の最終的な目的は満足するに十分な収益率を達成することである．投資家がある企業の株式を購入したとき，投資家の目標収益率を達成できるか否かが投資家の関心事ならば，実現した収益率がこの目標収益率と同じかそれ以上であれば投資家は満足し，下回れば落胆する．この投資リスクは実現収益率と目標収益率の差または目標収益率を下回る確率とみなしている．この投資リスクはポートフォリオ理論で用いられる Markowitz の収益率の標準偏差（または分散）とは異なる．(2.16) 式または (2.17) 式の P_0 を構成するパラメータが変動すれば，株価もまた変動する．これらのパラメータの変動は，企業の収益力など固有のリスクに依存するばかりでなく企業の経営環境や市場の変化によって変動する k と r に依存する．

2.5　財務計画と財務分析

現行の企業業績と経営状態を評価するために経営者は会計ファイナンスのデータを必要とする．損益計算書および貸借対照表に表れるデータに基づいて企業の流動性，支払能力や収益性などを測定する指標として財務比率を用いる．これ

らの財務比率を用いて企業を評価することを**財務（比率）分析** (ratio analysis) と呼ぶ．財務分析は企業の運転資本の推移や全体的な財務計画を説明するのに便利な道具である．

財務比率は財務諸表（損益計算書，貸借対照表，キャッシュ・フロー計算書などの財務三表）から計算され，流動性や支払能力および収益性を測る尺度に分類される．これら財務比率は内部統制や予算管理にとって有益であるばかりでなく，株主をはじめ外部のステーク・ホルダーにとってもその企業の財務的現状とその強弱を知る上での適切なものでなければならない．財務計画の主たる目的は，株主・投資家等のステーク・ホルダーに企業の財務的実態を正確に伝えることによってその企業の魅力度を高めることにある．

2.5.1 流動性の尺度

企業の負債を支払うに必要な資金力を高める能力は，企業が生き残るための必須要件である．この支払能力は長期的には負債の規模と将来の収益力に依存するが，短期的には満期を迎える支払義務を履行するに必要な資金（現金）を保有しているか否かである．流動性に関する短期的な財務比率として，流動性比率＝（現有資産）/（現有負債），現金比率＝（現金＋市場性のある有価証券）/（現有負債）があり，長期的な支払能力を表する指標として 負債・資産比率＝（総負債）/（総資産），利子支払率＝（経営収入）/（支払利子）がある．流動性比率は，企業の受取手形や在庫も含めた現有資産が負債の何倍あるかを表す指標であり，これらの資産を現金に換金することで負債の支払いに当てることができる資金力を示している．企業の流動資産は，企業活動や新たな資金調達・支払いによる資金の増減に応じて変動する．資金の流入と流出が完全に一体化しているならば，企業は何ら余分の流動資産をもつことなく資金需要を満たすことが可能である．資金の流入と流出は時間的ズレがあり，一体化していないので，一時的な資金欠損を避けるため流動資産は有効かつ必要なバッファーである．しかし，長期的に企業が十分な現金残高，在庫や受取手形を保有することは，企業の信用不安を回避するために必要な投資である．しかし，日々の負債支払能力を判断する基盤となる短期的指標として流動性比率は十分でない．

企業経営によって管理し制御されるべき流動性の維持に対する道具は，資金予算と資金計画書であるが，これらを企業の外部からは直接知ることはできないの

で，流動性比率を時系列的に観察したり，同業他社の流動性比率やその平均値と比較することが推奨される．

2.5.2 支払能力の尺度

企業の長期的な負債支払能力は，負債とその金利負担の大きさに依存する．負債・資産比率は総資産の中で負債の占める割合を表す指標で，この比率が大きい程企業の支払不足によるリスクも大きくなる．しかし，この比率は負債の大きさのみを考慮しているが金利負担を計算に入れていない．この点を考慮した比率が利子支払比率である．もしこの比率が4倍ならば，企業収益は金利支払いの4倍である．この金利支払額は収入から課税対象として控除できるが，配当は税金の課税対象である．適切な支払能力比率は，企業の営業収入をどの程度に厳密に（あるいは保守的に）計算しているかに依存する．この比率もまた同業他社の比率と比較したり，時間軸に沿って精査することによって悪化しているかまたは改善されているかを知ることができる．

2.5.3 収益性の尺度

株主にとって財務諸表に含まれている最も重要な情報は，総投資額に対する税引き後の純収入の比率である．株主による総投資額を所与としたとき，この比率は税引き前の収入に大きく依存する．金利，配当および税金を支払った後の収入が株式資産の中で占める比率を収益性の尺度として考えよう．この比率を **株式収益率** =（収入から金利と税金を引いた額）/（株式資産）と呼ぶ（会計学では株主資本利益率と呼ぶ）．株式資産が固定的ならば，収入が増えれば大きくなり，金利支払額や税金が大きくなれば減少する．企業が経営資産を有効に活用しているか否かの指標の1つは，総資産対収入の比率である．資産の回転を表す資産1単位当りどれだけの売上高を高めたかは効率的経営の尺度となりうる．しかし，限界営業利益が減少することによって，効率性の増加は相殺される．換言すれば，企業経営を評価するに際し，資金回転率と限界営業利益率とは同時に考慮されなければならない．株式収益率は

$$\text{株式収益率} = \frac{\text{金利・税引き後の収入}}{\text{株式資産}} = \frac{\text{売上高}}{\text{株式資産}} \cdot \frac{\text{金利・税引き後の収入}}{\text{売上高}}$$
$$= \text{資産回転率} \cdot \text{限界営業利益率} \tag{2.18}$$

であるから，資産回転率と限界営業利益率との積で与えられる．株式収益率は企業の経営効率性を評価する尺度として最も有効な尺度の1つである．営業成績を所与としたとき (2.18) 式によって，経営者は株式の代わりに負債の比率を高めるレバレッジによる資金調達という手段によって株式収益率を高めることができることがわかる．株価の最大化を企業目的とするならば，株式収益率を高めることは企業経営の効率性を測る尺度である．株式収益率に対して**株価収益率** (Price Earnings Ratio, PER) は収入に対する株式の時価総額の比率である．すなわち，PER = (株式の時価総額)/(収益) である．もし企業収益が安定的ならば，株式の資本化比率と要求収益率とは等しいので PER は株式の要求収益率の逆数に等しい．

例 2.3 ある企業 A は株式 500 万円と負債 500 万円からなる資金 1000 万円を投資して 1 年後に 200 万円の収益を得たとする．この企業の年間収益率は $200/1000 = 0.2$ (20%) である．もし法人税が 40% で負債の金利が 8% ならば，負債の金利支払額は $500(0.08) = 40$（万円）であり，法人税の支払額は $(200 - 40)(0.4) = 64$（万円）であるから，企業 A の税引き後所得は $200 - 40 - 64 = 96$（万円）である．株式収益率は $96/500 = 0.192$ となる．もし投資総額 1000 万円を全額株式によって調達するならば，法人税の支払額は $200(0.4) = 80$（万円）となるから，株式収益率は $(200 - 80)/1000 = 0.12$ となり，19.2% よりも 7.2% だけ小さい．すなわち，負債による資金調達を伴う方が有利である．しかし，景気等の悪化が原因で収益が 2% の $1000(0.02) = 20$（万円）に落ち込んだとすれば，負債への金利支払額は 40 万円であるから，所得は -20 万円となり，株式収益率は $-20/500 = -0.04$（-4%）．もし投資額を株式で 100% 調達したならば，法人税は $20(0.4) = 8$（万円）となるので所得は $20 - 8 = 12$（万円）となり，株式収益率は $12/1000 = 0.012$ (1.2%) となる．景気悪化のとき株式収益率は，株式と負債の比率が半々の場合よりも，5.2% 増加する．この場合は株式のみによる資金調達の方が有利である．

例 2.3 からもわかるように，負債による資金調達が有利であるのは，企業が長期的に収益を増加させることができる場合のみである．資金調達に関する財務計画は第 5 章の資本構成と配当政策において詳しく述べる．

2.5.4 予算管理

　企業は財務計画を予算の形で具体化し，企業の経営目的と整合性のある予算編成をしなければならない．企業予算は月次，4半期または年次の営業収益を予測し，キャッシュ・フロー計算書を作成する．この企業が製造業ならば，販売部門からの売上予測に基づく生産計画を立案し，月ごとの経費や生産費の予算を作成する．来期の利益や費用を予想して月々のキャッシュ・フローを推定することが可能となる．年間の利益予想ばかりでなく，5ヶ年程度の利益予想を立てた上で資金計画書を作成し，中期の売上予想をするのが普通である．これらの中長期予想に基づいて，企業は将来の資本支出計画，研究開発計画，新製品やマーケティング戦略を策定し，そのための資金調達計画と企業の長期計画を構築する．毎期の予測には不確実性が伴うので，たとえば売上予想が変化したときにはその変化に応じた形で予算もまた柔軟に修正される．財務担当者は，この売上予想が大きく悪化したとき，充分な手元資金を維持できるように，また不測の資金需要が発生したとき資金的対応が可能であるように資金計画を精査しなければならない．手持資金と流動性の高い有価証券および受取手形の満期を考慮して資金残高を管理し，一方では余剰資金のポートフォリオ管理の最適化に努めることも財務担当者の仕事である．

　このように財務計画と予算計画は，企業の経営活動を取り巻く環境の不確実性と当初の予想に対する不測の変動に柔軟に対応できるものでなければならない．予算に柔軟な対応をするために余裕をもたせる方法として収入は保守的に，支出は最悪の事態を想定して多めに予想するということも1つの考え方である．たとえば，売上予想に確率分布を用いることによって，目標を下回る確率を計算し，下回る確率が許容できる程度に小さいか否かを確認する．もしその確率が十分に小さくないならば財務計画を見直す．あるいは，資金残高の平均および標準偏差を計算して，財務的リスクを数値的に精査することも有益である．

演習問題

問題 2.1 毎期 3000 万円の収益を 5 年間受け取るプロジェクトの現在価値を年間利子率 7% に対して計算せよ．また半年複利と 3 ヶ月複利についてそれぞれ

の現在価値を計算せよ．

問題 2.2 1万円の現在価値を利子率 12% に対して時間 t の関数として描きなさい．また毎月 1 万円の年金を t 年間受け取る場合の現在価値はどうなるか．

問題 2.3 ある企業が 5000 万円投資するプロジェクトから 2 年後に 1000 万円，4 年後に 2500 万円，6 年後に 5000 万円の収益が期待される．このプロジェクトの内部収益率を求めなさい．

問題 2.4 5000 万円で購入した機械は次の表のように現金流と費用を 6 年間に亘って発生させる．6 年後に 1000 万円で機械を処分することができ，資本コストは 10% である．この機械の現在価値と回収期間を求めなさい．

表

年	現金流	維持費用
1	1,000	50
2	1,500	50
3	2,000	100
4	1,500	100
5	1,000	150
6	500	200

問題 2.5 企業 A は，既存資産によって毎年 3000 万円の収益を生み出すと予想している．この企業は株式によってのみ調達をし，その発行株数は 1000 万株で年間収益の 40% を配当とし，支払い残額は再投資する政策をとっている．再投資は年率 18% の収益を永続的にもたらすと期待している．投資家の要求収益率が 15% ならば，この企業の株価はどれ程になるかを計算しなさい．

問題 2.6 問題 2.5 において年間収益 40% の仮定の代わりに，企業が毎年 800 万円の固定額を再投資するならば，この企業の株価はどうなるかを求めなさい．

問題 2.7 (2.2) 式と (2.4) 式から $\frac{1}{P_T} - \frac{1}{F_T} = r$ が成立することを示しなさい．

第3章

資本予算の管理

　企業の資産は，通常，工場・設備などの固定資本と現金・受取手形・在庫などの運転資本に分類される．したがって，実物資産に関する投資決定は固定資本に関する決定である．

　この章では企業が保有するまたは保有したいと計画している固定資本に関する投資決定について分析する．固定資本への投資の目的は，その固定資本が将来企業に可能な限り多くの収益をもたらすために，いま，この投資プロジェクトを採択すべきか否かの意思決定をすることである．企業をはじめとしてどの組織も予算を立てる．予算は企業活動や経営戦略を反映したものである．それは経営資源を投入（インプット）して売上高，利益や市場占有率等を産出（アウトプット）する活動でもある．現実には，売上高の規模やその変動に応じて予算をある一定の会計ルールに従って，絶えず修正するのが普通である．もちろん売上高の変動ばかりでなく，生産コストや投資計画の変更および長短期の資金計画や配当支払額の変更に応じて予算的に対応する．予算化とは，経営方針に基づく経営資産の配分とその果実についての予想に対して様々な会計ルールに従って投資予算額を計算することである．本章では，予算化においてどのような意思決定がなされるべきか，また予算化する上で投資プロジェクトをどのように評価すべきかについての分析手法について述べる．

第3章 資本予算の管理

3.1 損益分析と予算化

　企業が新しい投資プロジェクトを採用するに当り，その必要資金を債券や新しい株式の発行または内部留保金との適切な組合せで調達するとしよう．企業経営者は，内部資金と外部資金の比率，現金残額や負債・株式比率などの制約の下で投資の意思決定を行う．経営者は投資の意思決定に当り，新規投資プロジェクトによる売上量と利益との計量的な関係を精査する必要がある．この計量的分析手法を**損益分岐分析** (break-even analysis) と呼ぶ．経営者は損失と利益が丁度バランスする売上量を知ることだけでなく，できるだけ多くの利益を上げたいと望んでいる．なぜなら，新プロジェクトが生み出す利益は，損益分岐分析に必ずしも含まれていない機会費用や投資に伴う資本コストを補填するに十分大きな利益であるべきであるからだ．すなわち，損益分岐分析には，売上量，利益に加えて費用が含まれるべきである．

　損益分岐分析において，すべての費用は固定費（売上量に依存しない費用）と可変費（売上量に比例する費用）とに分類されると仮定する．製造業では，原材料費，光熱費，労働人件費は可変量であり，施設設備の減価償却費，固定資産税，管理費は固定費である．損益分岐分析では，売上量と生産量とは等しいと仮定する．すなわち，生産したものはすべて売れると仮定する．また売上高は売上量に比例すると仮定する．もし固定費が無ければ，企業の利益は売上高のある一定のパーセントである．損益分岐分析では，単位当りの販売価格と平均可変費用は一定であると仮定する．この仮定に固定費が導入されると，売上高と利益との関係は単純な比例関係ではない．

　p を販売価格，c を可変費用，F を固定費とし，q を売上量とすれば，利益 $R = R(q)$ は

$$R(q) = pq - (F + cq), \quad q > 0 \tag{3.1}$$
$$= （売上高） - （生産費）$$

で与えられる．ただし，$p > c$ である．(3.1) 式を図示すれば図 3.1 のように描かれる．仮定 $p > c$ の下で pq と $(F + cq)$ とが丁度等しくなる q が存在する．すなわち，$R(q) = 0$ となる q が存在する．売上高と生産費が丁度等しくなる生

3.1 損益分析と予算化

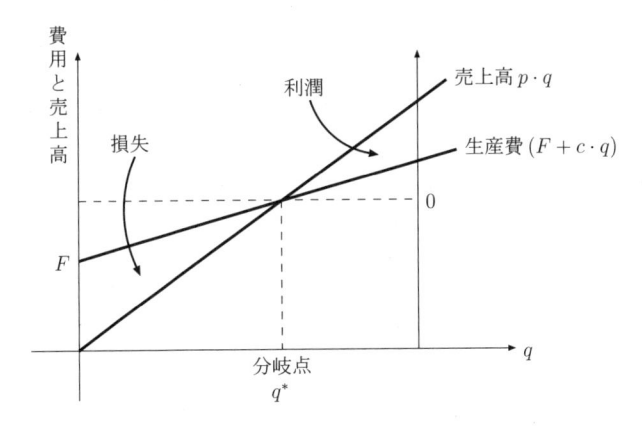

図 3.1 損益分岐分析（利潤と売上量の関係）

産量（売上量）を**損益分岐点** (break-even-point) と呼ぶ．経営者の目的は，そのような分岐点を知ることによって，より多くの利益を生み出すことにある．損益分岐分析の目的は，このように売上量，生産費および利益の 3 者の関係をより正確に分析することにある．

$R(q) = 0$ となる売上量を q^* とすれば，q^* は売上高と生産費が丁度等しくなる売上量の分岐点である．$q > q^*$ に対して利潤が発生し，$q < q^*$ に対して損失が発生する．したがって，新プロジェクトへの投資によって，売上量が q^* を超えることが利潤を生み出す必要条件となる．いま，2 つの企業 A と企業 B を考え，それぞれの固定費と可変費がそれぞれ F_A, F_B, c_A, c_B とする．価格 p は両社とも同一価格で販売しているが $F_A < F_B$, $c_A > c_B$ とする．企業 A と企業 B の利潤が等しく売上量を $\bar{q}$ とすれば，$\bar{q} = \frac{F_B - F_A}{c_A - c_B} > 0$ となる．もし $p < \frac{R(\bar{q})}{\bar{q}}$ ならば，企業 A と企業 B の損益分岐点 q_A^* と q_B^* の関係は図 3.2 より明らかに

$$\bar{q} < q_B^* < q_A^* \tag{3.2}$$

である．もし他の条件が同じで $p > \frac{R(\bar{q})}{\bar{q}}$ ならば，$q_A^* < q_B^* < \bar{q}$ となる関係が成立する．この場合，分岐点 q_A^* 以上の利益が出る q の範囲では，可変費が小さい企業 B がより多くの利益を出し，分岐点 $\bar{q}$ 以下では企業 B は損失もより大きくなる．

第 3 章　資本予算の管理

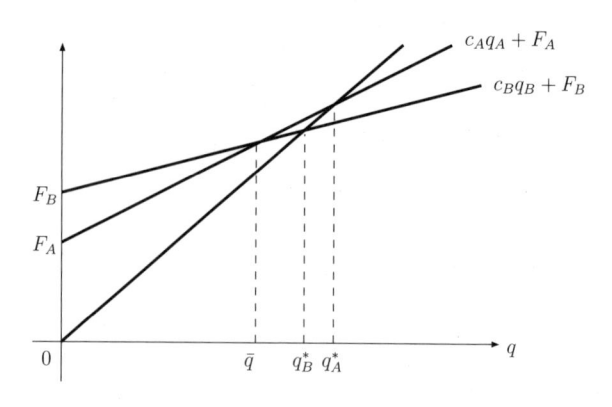

図 3.2　生産費が異なる 2 社の損益分岐点

例 3.1 企業 A, B ともに年間 8000 単位の売上量があり，企業 A の利益は 2000 万円，企業 B の利益は 1000 万円としよう．もし売上量が 10% 減少（7200 単位）したとすれば，企業 A の利益は 20%，企業 B は 40% それぞれ減少したとする．固定費と可変費が表 3.1 で与えられたならば，企業 A の利益は 2000 万円から 1600 万円に，企業 B は 1000 万円から 600 万円にそれぞれ減少する．固定費が高ければ高い程，損益への影響の程度も大きいことがわかる．

表 3.1　売上高と利益

企業 A				企業 B			
売上高	固定費	可変費	利益	売上高	固定費	可変費	利益
7,200	2,000	3,600	1,600	7,200	3,000	3,600	600
8,000	2,000	4,000	2,000	8,000	3,000	4,000	1,000
8,800	2,000	4,400	2,400	8,800	3,000	4,400	1,400

　損益分岐分析の 1 つの欠点は，企業は売上高がわかっているという仮定である．現実には企業は需要を推定または予測しなければならない．すなわち，企業は需要の不確実性を考慮して損益分岐分析を行うことになる．
　確定的な損益分岐分析の重要な欠点は，売上高（生産量）が既知で確定的であるという仮定である．現実には，需要量は不確実であるので，売上高も不確実である．需要量が確率的に変動する場合の損益分岐分析を紹介する．需要量 Q が

3.1 損益分析と予算化

確率変数ならば，それに対応する利益 $\pi(Q)$ もまた確率的に変動する確率変数である．確率変数の確率分布は，最頻値としての役割をもつ平均値と変動幅（散らばり）を表す標準偏差（分散の平方根）をもつと仮定する．もし需要量が正規分布に従うならば，需要量の確率的変動は平均と分散で完全に記述できる．以下では需要量 Q の変動と利益 $\pi(Q)$ の変動との関係を調べよう．表 3.1 のデータの下で企業 A の需要は，確率 0.5 で売上高 7200 単位，確率 0.25 で売上高 8000 単位，確率 0.25 で売上高 8800 単位と予想されている．売上高と利益とは一対一に対応しているので，利益 1600 万円，2000 万円，2400 万円が実現する確率は需要量と同じく，それぞれ 0.5, 0.25, 0.25 である．需要量の平均 μ_Q と分散 σ_Q^2 はそれぞれ

$$\mu_Q = 0.5(7200) + 0.25(8000) + 0.25(8800) = 7800$$
$$\sigma_Q^2 = 0.5(7200-7800)^2 + 0.25(8000-7800)^2 + 0.25(8800-7800)^2$$
$$= 440000$$
$$\sigma_Q \fallingdotseq 663.33$$

である．利益 $\pi(Q)$ の平均 μ_π と標準偏差 σ_π を同様に計算すれば

$$\mu_\pi = 0.5(1600) + 0.25(2000) + 0.25(2400) = 1900$$
$$\sigma_\pi = \left[0.5(1600-1900)^2 + 0.25(2000-1900)^2 + 0.25(2400-1900)^2\right]^{1/2}$$
$$\fallingdotseq 331.66$$

需要量と利益の平均 μ_π および分散（標準偏差）σ_π^2 との間の関係は次式で与えられる．ここで，F は固定費，c は限界生産費である．

$$\mu_\pi = E[\pi(Q)] = E[pQ - (F+cQ)] = pE(Q) - (F + cE(Q))$$
$$= p \cdot \mu_Q - (F + c\mu_Q) = (p-c)\mu_Q - F, \quad Q > 0$$
$$\sigma_\pi^2 = Var[\pi(Q)] = Var(pQ) + Var(cQ)$$
$$= p^2 \sigma_Q^2 + c^2 \sigma_Q^2$$
$$= (p^2 + c^2)\sigma_Q^2$$
$$\sigma_\pi = \sqrt{p^2 + c^2} \cdot \sigma_Q$$

もし企業 A の需要が正規分布するならば，その利益もまた正規分布に従う．たとえば，利益の平均が 1900 万円でその標準偏差が 332 万円ならば，企業

利益 2500 万円を超える確率を巻末の正規分布表より計算することができる．$(2500-1900)/332 \fallingdotseq 1.81$ であるので，利益が 2500 万円を超える確率は 3.52% である．同様に，利益が 1500 万円を下回る確率を計算すれば，11.31% を得る．また利益が 1500 万円と 2500 万円の間に納まる確率も正規分布表より 85.17% であると計算できる．

3.2 確実性の下での投資決定

　この節で取り扱う投資は，実物資産への資金支出を指すことにする．たとえば，新工場の建設，新生産ライン・設備の導入，企業買収，新製品の研究・開発，マーケティングおよび従業員の教育訓練プログラムへの支出などによる費用と便益は中長期に及ぶ．このように投資としての資本予算支出は企業の経営資源の最適配分を促し，企業の成長にとって不可欠である．

　最適な投資計画は企業価値を最大化する投資計画である．企業価値は，投資による企業の収益力に強く依存する．投資の意思決定に当っての最初のステップは投資による収益増加を予測し，精査することである．ここでいう，収益力とは運転費用や資金調達費用を差し引いた後の現金流のことである．

　投資に必要な最適な資金調達計画（負債，株式および内部留保金による）を策定したと仮定する．この計画の下で投資プロジェクトの現金流が予測され，企業価値をどれ程高めるかを推定する．もちろん，企業価値を高める投資プロジェクトのみが採択される．すなわち，正味現在価値がプラスである場合のみ，投資プロジェクトは企業価値を高める．第 1 章において，企業価値は株主価値（株価総額）と負債総額の和であると述べた．したがって，負債の総額が固定的ならば，株主価値の最大化と企業価値の最大化とは一致する．このように投資計画の最適化と収益力の最大化は，株価最大化すなわち企業価値最大化と密接な関係があることがわかる．

　投資プロジェクトの評価は，その投資が将来もたらす現金流すなわち収益（リターン）が確定的で既知ならば単純である．将来の現金流を適切な利子率（無リスク利子率）で割引して正味現在価値を計算できるからである．この正味現在価値がプラスである投資プロジェクトを予算制約の範囲内で採択すれば，企業価値を増加させる．換言すれば，株価はその企業の収益力の関数であり，収益力は将

来の現金流の関数である．つまるところ，株価は投資からの現金流に強く依存する．

投資プロジェクトの正味現在価値を計算するには，投資からの現金流を投資プロジェクトの資金を調達するのに要した資本コストで割り引かなければならない．投資の現金流が既知であれば，この投資プロジェクトの採用の可否は明白である．以下では4つの基準について議論する．

3.2.1 正味現在価値による基準

r を企業の資本調達コストとし，b_t を第 t 期の現金流入，c_t を現金流出とすれば ($t = 0, 1, 2, \cdots, T$)，このプロジェクトの現金流入の現在価値 $B = B(r)$ は

$$B = b_0 + \frac{b_1}{(1+r)} + \frac{b_2}{(1+r)^2} + \cdots + \frac{b_T}{(1+r)^T} \tag{3.3}$$

となり，現金流出の現在価値 $C = C(r)$ は

$$C = c_0 + \frac{c_1}{(1+r)} + \frac{c_2}{(1+r)^2} + \cdots + \frac{c_T}{(1+r)^T} \tag{3.4}$$

である．したがって，このプロジェクトの正味現在価値 $A = A(r)$ は

$$\begin{aligned} A(r) &= B(r) - C(r) \\ &= a_0 + \frac{a_1}{(1+r)} + \frac{a_2}{(1+r)^2} + \cdots + \frac{a_T}{(1+r)^T} \end{aligned} \tag{3.5}$$

となる．ただし，$a_t = b_t - c_t, \ t = 0, 1, 2, \cdots, T$ である．r を既知として，$A(r)$ を計算し，$A(r) > 0$ ならばこのプロジェクトを採用する方法を**正味現在価値による基準**と呼ぶ．

表 3.2 投資プロジェクトの正味現在価値

年	現金流	現在価値	投資コスト	現金流	現在価値
0	0	0	−5,528	−5,528	−5,528
1	1,200	11,111	0	1,200	11,111
2	1,200	10,288	0	1,200	10,288
3	1,200	9,526	0	1,200	9,526
4	1,200	8,820	0	1,200	8,820
5	4,228	28,775	0	42,000	28,775

第3章 資本予算の管理

例 3.2 $r = 8\%$ としたとき，表 3.2 の投資プロジェクトの正味現在価値は (3.5) 式を用いれば，13240 である．正味現在価値が正であるので，この基準の下で投資プロジェクトは採択される．

(3.5) 式の正味現在価値 A は資本費用 r（割引率としての役割）ばかりでなく現金流出入 b_t, c_t に依存している．これらすべて既知で確定的であるとき，正味現在価値も一意に定まり，投資の意思決定を行うことができる．高い資本コスト r は現金流が正負に拘らずその絶対値を小さくする．また，すべての t について $a_t = b_t - c_t > 0$ のとき (3.5) 式の $A(r)$ は r の減少関数である．

3.2.2 内部収益率による基準

正味現在価値による基準は，プロジェクトの価値の大きさを知る上で便利な理解しやすい基準である．現金流を割り引くことによって時間的価値を考慮に入れている．しかし，資本コストや割引率が明確に一意に必ずしも既知でない場合や内部収益率を資本コストと比較することで，資本の効率性を分析する場合には，内部収益率の概念は有益である．内部収益率は，収益（リターン）が費用を上回ったとき，そのときのみ投資プロジェクトを採択するための基準である．(3.5) 式の右辺で与えられる正味現在価値と同様に，収益率 k で将来の現金流を割り引いた現在価値 $R(k)$ が丁度ゼロになる値 k^* を**内部収益率** (internal rate of return) と呼ぶ．

$$R(k^*) = 0 = a_0 + \frac{a_1}{(1+k)} + \frac{a_2}{(1+k)^2} + \cdots + \frac{a_T}{(1+k)^T} \tag{3.6}$$

$R(k) = 0$ となる k がどんな条件の下で存在するか，存在するとすれば一意に決まるかについては第 2 章 2.3 節を参照されたい．ここでは，内部収益率 k^* が一意に存在すると仮定する．この k^* の資本コストでプロジェクトに必要な資金を調達し，将来の現金流を割り引いたとすれば，借り入れた資金と同額を弁済できることを意味している．$\lim_{k \to \infty} = a_0 < 0$ かつ $R(0) > 0$ の下で $R(k)$ が k の減少関数のとき，企業の資本コスト k が k^* よりも小さいならば，企業はこの投資プロジェクトを採用することは価値がある．すなわち，その正味現在価値はプラスになる．(3.6) 式の右辺に k を代入して，$R(k)$ とすれば，$R(k)$ はこのプロジェクトの正味現在価値であり，$k < k^*$ ならば $R(k) > R(k^*) = 0$ が成立する．資

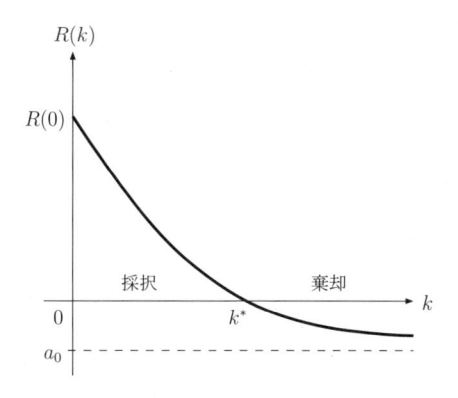

図 3.3 内部収益率 k^*

本コスト k の下でのこの投資プロジェクトの正味現在価値はプラスである．逆に $k > k^*$ ならば $R(k) < R(k^*) = 0$ となって，このプロジェクトの正味現在価値 $R(k)$ はマイナスになる．図 3.3 はこれらの議論を図示したものである．正味現在価値による基準は，内部収益率による基準と投資採択・棄却について同一の意思決定を導く．

例 3.3 表 3.2 と同様の現金流をもつ表 3.3 を考えよう．初期投資額 $a_0 = -5528$ 万円に対して今後 5 年間の現金流は表 3.3 の第 2 列で与えられている．3 種類の収益率 $k = 10\%$，15%，25% に対し，このプロジェクトの正味現在価値 $R(k)$ の (3.6) 式右辺を計算した値が最後の行である．

表 3.3 プロジェクトの現金流と収益率ごとの現在価値

年	現金流	収益率		
		10%	15%	25%
0	−5,528	−5,528.0	−5,528.0	−5,528.0
1	1,200	1,090.9	1,043.5	960.0
2	1,200	991.7	907.4	760.0
3	1,200	901.6	789.0	614.4
4	1,200	819.6	686.1	491.5
5	4,228	2,625.2	2,102.0	1,365.4
(3.6) 式の右辺	———	901	0	−1,336.7

割引率 10% は現在価値 901 となるので低すぎ，割引率 25% は現在価値が -1336.7 となり高すぎることがわかる．割引率 15% のとき (3.6) 式の右辺の値は 0 になるので，この投資プロジェクトの内部収益率は 15% である．したがって，この投資プロジェクトの資本コストが 15% 以下ならば，プロジェクトを採択することは有益であり，現在価値による基準の結果と一致する．

3.2.3 費用便益比率による基準

この基準は，B/C (Benefit-Cost ratio criterion) と呼ばれる投資プロジェクトの採択基準である．費用便益比率は，プロジェクトから得られる現金流（すなわち便益の現在価値）を初期投資額（すなわち費用）で割った比率でもって投資プロジェクトの収益性指数とする基準である．いま，初期投資額としての費用を a_0 とし，それ以降の現金流を a_t, $t \geq 1$, 資本コストを k とすれば，費用便益比率 $f = f(k)$ は

$$f(k) = \frac{1}{a_0}\left[\frac{a_1}{(1+k)} + \frac{a_2}{(1+k)^2} + \cdots + \frac{a_T}{(1+k)^T}\right] \quad (3.7)$$

で与えられる．この費用便益比率による基準に従えば，$f(k) > 1$ のときのみこのプロジェクトを採択することになる．$a_0 > 0$ でかつすべての t について $a_t \geq 0$ ならば，$f(k)$ は k の減少関数である．$f(0) > 1$ ならば，$\lim_{k \to \infty} f(k) = 0$ であるから，$f(k) = 1$ となる k^* が存在する．$f(0) = \frac{1}{a_0}(a_1 + a_2 + \cdots + a_T)$ であるから，仮定 $f(0) > 1$ は，現金流入の総額が現金流出 (a_0) より大と主張しているにすぎない．したがって，現金流入 $a_1, a_2, \cdots, a_T$ が十分に大であるか，資本コスト k が十分大ならば，$f(k) > 1$ となってプロジェクトが採用される可能性が大きくなる．需要予測を多めに予測したり，資本コストとしての割引率（利子率）を過少評価してプロジェクトの採算判断を誤って，この費用便益比率による基準が誤用されないように注意すべきであろう．

費用便益比率による基準の数値例を考えよう．例 3.2 と同様に資本コスト $k = 0.08$ とする．表 3.2 よりこの投資プロジェクトの投資額は 5528 万円であり，その現在価値は 6825 万円であるので，費用便益比率は $6825/5528 = 1.23$ となる．したがって，資本コスト $k = 0.08$ ならば，この投資プロジェクトは採択されるべきである．

費用便益比率は，現金流の現在価値と費用との比率（大小関係）をとって，便益の現在価値が費用より大ならばプロジェクトを採択する基準である．$f(k)$ が 1 より大か小かでの判断基準であり，正味現在価値 $R(k)$ が正か負かによる基準とは異なる．もし費用便益比率が 1 より大ならば，プロジェクトの正味現在価値はプラスとなり，2 つの基準は同一の意思決定を導く．しかし，2 つの基準が一致しない場合もある．いま，企業が互いに排反的なプロジェクトすなわち二者択一のプロジェクトがあるとしよう．プロジェクト A は初期投資 1 億円によって将来の現金流の現在価値 1 億 2600 万円の便益をもたらし，プロジェクト B は初期投資 7000 万円に対して将来の現金流の現在価値 9240 万円の便益をもたらすとしよう．プロジェクト A の正味現在価値は 12600 − 10000 = 2600 万円であり，プロジェクト B の正味現在価値は 9240 − 7000 = 2240 万円であるから，正味現在価値による基準に従えば，プロジェクト A が採択されることになる．費用便益比率を計算すると，プロジェクト A は 2600/10000 = 0.26 であり，プロジェクト B は 9240/7000 = 1.32 であるから，プロジェクト B が望ましい．この不一致がどこから来るかを考えてみよう．プロジェクト B はプロジェクト A と比較して，初期投資額が 10000 − 7000 = 3000 万円だけ少ない．企業 B はこの余剰資金 3000 万円を同一の利子率で運用し，それの正味現在価値が 2600 − 2240 = 360 万円以上であればプロジェクト B が採択される．この意思決定は，費用便益比率による基準と一致する．初期投資が同一の規模ならば，互いに排反する投資プロジェクトに対して正味現在価値と費用便益比率による意思決定の結論は同一となる．

3.2.4 回収期間による基準

将来の現金流が不確実であるならば回収期間による基準は正確さを欠くが，現金流が確定的ならば回収期間による基準は有益な意思決定の手法である．特に，投資の内部収益率に対して近似解を得る手法として有効である．投資案によっては投資からの現金流の期間にはばらつきがあるので，初期投資額を回収するのに必要な期間は短いことが望ましい．しかし，回収期間と投資の魅力度である現金流の大きさとはトレード・オフの関係にあることが多い．

初期投資額を a_0 とし，投資からの現金流 a_k が 1 期から T 期まで期待されて

いるとき、利子率 r の下でのこの投資プロジェクトの回収期間 $n = n(r)$ は

$$n(r) = \min\left\{ n \leq T \;\middle|\; a_0 \leq \frac{a_1}{1+r} + \frac{a_2}{(1+r)^2} + \cdots + \frac{a_n}{(1+r)^n} \right\} \quad (3.8)$$

である。もし右辺の集合が空集合ならば、この投資は計画期間 T までには初期投資額を回収できないことになり、棄却される。すべての t について a_t が非負ならば $n(r)$ は r の減少関数である。もし $a_t = a$（一定）とし T が十分大であるとき、(3.8) 式の回収期間 n は近似的に

$$\begin{aligned} a_0 &= \frac{a}{1+r} + \frac{a}{(1+r)^2} + \cdots + \frac{a}{(1+r)^n} \\ &= a\left[\frac{1-(1+r)^{-n}}{r}\right] = \frac{a}{r} - \frac{a}{r}\left(\frac{1}{1+r}\right)^n \end{aligned} \quad (3.9)$$

を満たす整数である。これを n について整理すれば、回収期間 n は

$$n \fallingdotseq \log\left(\frac{a - a_0 r}{a}\right) \cdot \log(1+r) \quad (3.10)$$

で与えられる。明らかに (3.10) 式の右辺の対数の真数部分は 1 より大である。回収期間による基準は、投資の内部収益率の近似方法として用いることができる。投資の内部収益率を r^* とし $a_t = a$（一定）とすれば、(3.9) 式より

$$\begin{aligned} a_0 &= \frac{a}{(1+r^*)} + \frac{a}{(1+r^*)^2} + \cdots + \frac{a}{(1+r^*)^n} + \cdots + \frac{a}{(1+r^*)^T} \\ &= a\left[\frac{1-(1+r^*)^{-T}}{r^*}\right] = \frac{a}{r^*} - \frac{a}{r^*}\left(\frac{1}{1+r^*}\right)^T \end{aligned}$$

となり

$$r^* = \frac{a}{a_0} - \frac{a}{a_0}\left(\frac{1}{1+r^*}\right)^T \quad (3.11)$$

を得る。ここで a/a_0 は回収期間 n に逆比例する。(3.11) 式において T が十分大ならば $\left(\frac{1}{1+r^*}\right)^T$ は十分小さいので近似的に

$$r^* \fallingdotseq \frac{a}{a_0} \quad (3.12)$$

が成立する．上式の逆数をとれば

$$\frac{1}{r^*} = \frac{a_0}{a} \tag{3.13}$$

となり，$\frac{1}{r^*} = \sum_{n=1}^{\infty} \frac{1}{(1+r^*)^n}$ であるから，左辺は無限期間に亘って1単位の現金流を受け取る現在価値に等しく，右辺は毎期 a 単位の現金流を受け取るときの回収期間を表している．したがって，(3.13) 式はこの両者が近似的に等しいことを示している．回収期間による基準を投資プロジェクトの採択基準とすることは前述したように限定された状況の下で有益であるが，実務的にはしばしば用いられる基準である．投資プロジェクトからの現金流は将来時点が長くなれば長くなる程，その現金流も将来的に不確実であるので，経営者は回収期間の長さに留意する．回収期間の値 (3.12) 式は近似式ではあるが，単純で理解しやすい手段でもある．

　この節では，現金流が確定的で既知であるという仮定の下で投資プロジェクトの採択・棄却を判断する基準について述べてきた．完全で効率的な市場の下では，企業が投資決定を行う際に生産と資金調達にどれだけの費用が発生し，どれだけの売上高を達成できるか，その結果どれだけの利益を得ることができるかを正確に予測していることを仮定している．確実性の下では税金の効果を無視すれば，株式と負債による資金調達に何ら差異はなく，またその収益率も同一である．したがって，投資プロジェクトの収益率もすべて同一となる．確定的な世界で投資プロジェクトによって異なる収益率が達成されるならば，裁定機会が存在することになるので，均衡においてはあらゆる資産の投資収益率は無リスク収益率に退化する．より現実的な投資プロジェクトの現金流には何らかの不確実性が伴う．次節では不確実性の下での意思決定について述べる．

3.3　不確実性の下での意思決定

　前節では確定的な現金流を生成する投資プロジェクトの評価について述べた．将来の現金流は不確実性を伴うのがより現実的であるので，投資プロジェクトのもたらす現金流は確率的に変動する．すなわち，確率変数で記述されるものとする．確率変数として表現される現金流をもつプロジェクトを評価する意思決定をリスクの下での意思決定と呼ぶ．ここでは，不確実性とリスクをほとんど同じ

意味で用いることにする．不確実性の下での意思決定を確率分布が未知の場合と既知の場合を区別して，確率分布が既知の場合をリスクと呼ぶことがしばしば行われる．意思決定の立場から論じれば，意思決定に確率を使用するかしないかによって区別することがより説得力がある．まずはじめに**リスク調整済割引法** (risk adjusted discount rate) と**確実等価法** (certainty-equivalent) について述べ，リスクを投資プロジェクトの意思決定にどのように反映させるか，リスクを計量化する方法について述べる．

3.3.1 リスク調整済割引法

将来収益が不確実な場合，投資家は不確実性と将来性の両方を合理的に考慮して将来の現金流を割り引く．投資プロジェクトに伴う資本支出の判断をするに際し，企業もまたそのプロジェクトが将来の各時点において生成する不確実な現金流の期待値を推定し，それを割り引いて分析する．ファイナンスではこの期待値をとるときに使用する確率としてリスク中立確率を使用する．将来の現金流の期待値が現在の値に等しくなるような確率を**リスク中立確率**と呼ぶ．このリスク中立確率によって計算された現金流の期待値を割り引くことによって，投資プロジェクトの正味現在価値を計算する．この投資プロジェクトが採択されるための必要かつ十分条件は正味現在価値がプラスであることである．$a_0 < 0$ を初期投資額として確定的な値とする．a_t を t 期の確率的な現金流とし，リスク中立確率に関する期待値を E^* として

$$\bar{a}_t = E^*(a_t)$$

を計算する．この期待値を割り引く資本コストは同一で一定であるだろうか．現金流が確率変数であるとき，将来の不確実性を計算してより遠い将来に対してはより大きな割引率を適用するのが普通である．しかし，簡単化のためにここでのリスク調整済割引法では，リスク中立確率によって計算した現金流の期待値を t 期のリスク調整割引因子 r_t を適用して正味現在価値を計算する．たとえば，計画期間 T の現金流の期待値 $\bar{a}_1, \bar{a}_2, \cdots, \bar{a}_T$ が与えられたとき，毎期のインフレ率が θ ならば，$(1+\theta)/(1+r)$ を割引因子として適用すれば，投資プロジェク

トの正味現在価値 R は

$$R = a_0 + \bar{a}_1 \left(\frac{1+\theta}{1+r_1}\right) + \bar{a}_2 \left(\frac{1+\theta}{1+r_2}\right)^2 + \cdots + \bar{a}_T \left(\frac{1+\theta}{1+r_T}\right)^T \qquad (3.14)$$

となる．

例 3.4 $T = 3$ として $r_1 = 0.09474$, $r_2 = 0.1555$, $r_3 = 0.7333$, $\theta = 0$ とすれば，初期投資 2000 万円，毎期の現金流の期待値 1000 万円の正味現在価値は

$$R = -2000 + 1000 \left(\left(\frac{1}{1+0.09474}\right) + \left(\frac{1}{1+0.1555}\right)^2 + \left(\frac{1}{1+0.7333}\right)^3\right)$$
$$\fallingdotseq -145.5$$

となって，この投資プロジェクトは棄却される．

3.3.2 平均資本コスト法

投資プロジェクトに必要な資金の調達を株式，負債および内部留保金によって調達したとき，その資金の調達比率に応じた加重平均によって資本コストを計算する方法を**平均資本コスト法**と呼ぶ．毎期の現金流の期待値を割り引く比率は，そのプロジェクトに使用する資金の調達コストと資本構成を反映した加重平均となる．

ある投資プロジェクトの初期投資額を a_0 とし，この投資によって n 期間に亘って税引き後の現金流 $a_1, a_2, \cdots, a_n$ が期待されるとしよう．この投資プロジェクトに必要な資金を株式によって S 円，負債によって L 円それぞれ調達したとする．株式の必要とする収益率を r_s，負債の利子率を r_l とし，負債は 1 期から n 期までクーポン $b_1, b_2, \cdots, b_n$ を支払い，返済を完了するものとする．したがって，毎期の正味現金流は $c_1 = a_1 - b_1$, $c_2 = a_2 - b_2$, $\cdots$, $c_n = a_n - b_n$ である．負債の現在価値は

$$L = \sum_{t=1}^{n} \frac{b_t}{(1+r_l)^t}$$

となり，負債による資金調達額 L に等しい．一方，株式による資金調達からの現金流 $c_t = a_t - b_t$ の現在価値は

$$S = \sum_{t=1}^{n} \frac{c_t}{(1+r_s)^t}$$

となって，株式の資金調達額 S に等しい．平均資本コスト $\bar{r}$ は資本構成比率を反映した r_l と r_s の加重平均

$$\bar{r} = r_l \frac{L}{S+L} + r_s \frac{S}{S+L}$$

となるので，平均資本コスト法による投資の正味現在価値は

$$\sum_{t=1}^{n} \frac{a_t}{(1+\bar{r})^t} - \sum_{t=1}^{n} \frac{a_t - b_t}{(1+r_s)^t} - \sum_{t=1}^{n} \frac{b_t}{(1+r_l)^t} = \sum_{t=1}^{n} \frac{a_t}{(1+\bar{r})^t} - S - L \quad (3.15)$$

となる．もし株式のみで資金調達したならば，そのときの投資の正味現在価値は

$$\sum_{t=1}^{n} \frac{a_t}{(1+r_s)^t} - S$$

であり，ここで $a_t = c_t$ である．もし負債のみで資金調達すれば，投資の正味現在価値は

$$\sum_{t=1}^{n} \frac{c_t}{(1+r_l)^t} - L$$

となる．ここで $c_t = a_t - b_t$ であり，$L = \sum_{t=1}^{n} b_t/(1+r_l)^t$ である．

例 3.5 投資プロジェクトに必要な資金 1 億円のうち 8000 万円を負債で，残り 2000 万円を株式で調達したとしよう．株式に要求される収益率は 10% で，負債の利子率は 4% である．この投資は 10 年間毎年 2000 万円の税引き後の現金流を生み出し，負債は 10 年間で返済するものとすれば，平均資本コスト法による投資プロジェクトの現在価値は

$$\sum_{t=1}^{10} \frac{2000}{(1+\bar{r})^t} - 2000 - 8000 \fallingdotseq 5294.57$$

となる．ただし，$\bar{r} = 0.1(0.2) + 0.04(0.8) = 0.052$

3.3.3 株式の資本コスト

不確実性の下での投資決定において，企業の資本コストが市場で評価される時価総額とどのように関係しているかを考えよう．これは投資家が要求する株式の収益率を考えることでもある．新しい株式の発行が企業のリスクに影響しないという仮定の下で企業の資本コストと時価総額との関係を分析する．

企業が投資プロジェクトの資金調達をする方法は基本的に2つある．すなわち，新株を発行することによって外部から資金調達を行う方法と内部留保金による内部調達の方法である．株式と負債による資金調達については第6章で述べるので，ここでは株式による資金調達の2つの方法の下で資本コストの計算式について述べる．次のような記号を使用する．

$n_0 =$ 既存株の株数
$n_1 =$ 既存株主に売却される新株の数
$n_2 =$ 新しい株主に売却される新株の数
$n =$ 資金調達後の発行株数
$C =$ 株式によって調達された資金
$P =$ 新株発行前の株価
$P' =$ 新株発行後の株価
$k =$ 株式の資本コスト
$y =$ 投資家の要求収益率（時価総額率）
$E =$ 新株が発行されなかったときの1株当り期待収益
$r =$ 株式に期待される税引後収益率

新株発行が企業リスクに影響を与えないと仮定したので，市場の時価総額比率でもある要求収益率 y もまた新株発行によって変化しない．したがって，新株発行による既存株の価格は，新株発行の前と後での収益の大きさによって決まる．株式の資本コストを求めるために損益分岐分析を用いよう．

株式の資本コストは，既存株主の利益を高めるために新しい投資が獲得しなければならない最低の収益率である．したがって，新株発行による "収益の希薄化 (earnings dilution)" を考慮しなければならない．新株発行による収益の増加量

は，この株式希薄化による収益と既存株による収益の和に等しい．すなわち

$$\left(\frac{n_0+n_1}{n}\right)(Cr) = \frac{n_2}{n}(En_0) + y(n_1P') \tag{3.16}$$

ここで左辺は増資による収益の増分であり，右辺の第一項は希薄化による収益，第二項は増資後の収益を表している．増資によって要求収益率は影響を受けないので，株式の資本コストを求めるために (3.16) 式において r の代わりに k を代入し

$$k = \frac{n_0 n_2}{nn_1 + n_0 n_2}\frac{P}{P'}y + \frac{nn_1}{nn_1 + n_0 n_2}y \tag{3.17}$$

を得る．(3.17) 式によって資本コストは新株発行後の時価総額比率と新株発行前のそれとの新株発行比率に関する加重平均であることがわかる．次の3つの特別な場合は興味深い．

(1) 新株がすべて既存株主に売却された場合

この場合，$n_2 = 0$ であるので $n = n_0 + n_1$ となって，(3.17) 式は

$$k = y \tag{3.18}$$

となる．すなわち，株式の資本コストは時価総額比率に等しい．

(2) 新株がすべて外部投資家に売却された場合

この場合，$n_1 = 0$ であるので $n = n_0 + n_2$ となって，(3.17) 式は

$$k = \frac{P}{P'}y \tag{3.19}$$

となる．この場合，新株発行前と後の株価の比率に依存する．もし $P' > P$ ならば $k < y$ となり，$P' < P$ ならば $k > y$ となる．

(3) 新株が既存株主と外部投資家に分割されて売却された場合

この場合，外部と内部への売却比率を $w = \frac{n_0 n_2}{nn_1 + n_0 n_2}$ とすれば，(3.17) 式は

$$k = w\frac{P}{P'}y + (1-w)y \tag{3.20}$$

となる．先に述べたように (3.20) 式は上述の2つの場合である (3.18) 式と (3.19) 式の加重平均になっている．

例 3.6 毎年 18000 万円の収益を生み出している企業を考えよう．この会社は発行済株数は 125000 株であり，その市場価格は 15 億円である．したがって，株の時価は 12000 円である．さらに 2500 万円の資金を調達するために 25000 株の新株を発行したい．既存株主には 10000 株を 1000 円で割り当て，残り 15000 株を新しい投資家に売却したい．残りの 15000 株については既存株主には優先買取権はない．この企業の株式の資本コストはいくらか．株式の期待収益率を r とすれば，$n_0 = 125000$, $n_1 = 10000$, $n_2 = 15000$ であるので，既存株主は新株発行後の株式の 90% を保有する．18000 万円の収益に対する希薄化による収益率は 10% であり，新株の要求収益率は 12% である．(3.16) 式より

$$(0.9)(2500)(r) = 0.1(1800) + 0.12(1000)$$

となるので，$r \fallingdotseq 0.133$ となる．既存株主は新株を発行する前後において少なくとも同程度の収益率を求めるので，この場合 $k \fallingdotseq 0.133$ となる．

3.4 固定資産の管理

前節まで企業の新たな固定資産への追加である資本投資の採択の可否についての投資分析を論じてきた．この節では，固定資産の管理について前述した以外の財務的意思決定について述べる．

3.4.1 最適法人税—減価償却法

企業は利益を得たとき，ある一定比率の法人税を支払わなければならない．たとえば税率 40% のとき法人税を 100 万円節約することは，税引前利益を 250 万円に増すことと同じである．法人税—減価償却法とは，減税効果のある最も適切な減価償却法を採用することで課税負担を最小化する手法である．会計における減価償却とは，機械設備等の固定資本の費用を固定資産の使用期間に分割して実現させることである．その結果，その固定資産からの収入と支出を適切に対応させることができる．法人税法では，所得に課すべき法人税を計算するに当り，減価償却を費用として認め，それを収益から差し引くことが認められている．このとき，減価償却の総額すなわち節税額の総額を変更することはできないが，節税の時期を選ぶことはできる．初期の時点で減価償却を多くすればその分だけ

その現在価値は大きくなり，節税によって得られる資金を他の用途に再投資することができる．ここでの問題は，企業にとっての節税効果が最大になる方法を選ぶことである．ここでは以下の3つの減価償却法を紹介する．

定額法では毎年償却する額が一定値である．固定資産の調達に要した費用 C から残存価格 S を差し引いた額を耐用年数 N で割った額だけ毎年償却する．すなわち，$(C-S)/N$ となるので，図3.4で水平の直線である．**減価残高倍掛法**は，償却額が定額法の2倍の額を初期に償却する方法である．さらにこの方法の下では，資産の残存価値を無視して，毎年累積的な償却額をコストとして認められていることである．耐用年数と残存価値が決まれば，耐用年数の時点の残存価値に等しい償却率が決まる．減価残高倍掛法の下での毎年の償却額は，図3.4で描いたような右下がりの曲線になる．

定率法は残存価値の一定比率を毎年償却する方法である．たとえば残存年数が n で，耐用年数が N であるとき，$\left(\frac{n}{1+2+\cdots+N}\right)$ の比率を残存価値に掛けた金額だけ減価償却する．$N=10$ ならば $1+2+\cdots+10=55$ であるから，毎年度 $\frac{10}{55}, \frac{9}{55}, \cdots, \frac{2}{55}, \frac{1}{55}$ の比率を適用する．

先にも述べたように，減価償却の方法によって節約額の総額は何ら変更はない．図3.4では3つの償却法の線（直線または曲線）の下側の面積は同じであることである．

しかし，どの減価償却法を適用するかによって企業の税引き後の現金流は影響を受けている．最適な減価償却法は，節税による現金流を再投資できるという意味で，減価償却の時点を早める方法である．

図 3.4　3つの減価償却法

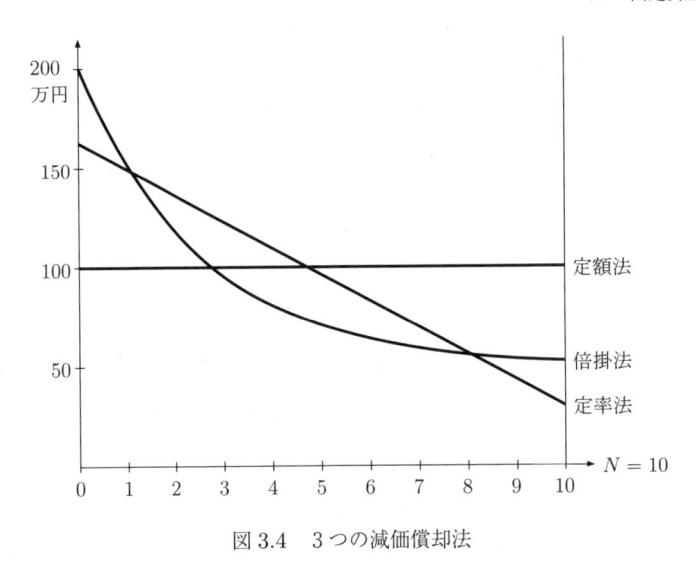

3.4.2　除却（処分）の意思決定

耐用年数が残っている固定資産を企業活動から引き離して処分し，貸借対照表から取り除くことを除却という．固定資産をどの時点で処分するのが望ましいかの決定は，その資産の処分価値に依存する．この処分価値は完全な市場の下ではこの資産が将来に亘って生み出す現金流の正味現在価値に等しい．この除却の意思決定は，貸借対照表に記載されている資産を最終的に処分して別の資産に置き換える決定である．たとえば，企業はその固定資産からの将来収益が余り期待できないときや維持コストが増大傾向にある，或いはこの資産に依存する企業活動から撤退したいとき，現有の固定資産の処分を考える．

除却の意思決定は，固定資産の現在の使用から得られる現金流をその資産の処分による現金流にいつ移行するのが最適かを決定することである．処分による現金流は，その資産を保有しているときと保有していないときの現金流の差を計算することによって測定できる．現在の資産で保有し続けたときの現金流を $a_1, a_2, \cdots, a_N$ とする．ここで N はこの資産の最長耐用年数である．毎期の資産の処分価格を $s_1, s_2, \cdots, s_N$ とする．資産を処分する最適な時点はいつであろ

うか．資産を処分し，再投資したときの収益率を r とすれば，最適な処分の時期を決める意思決定の問題は次のようになる．第 n 期において，もし

$$s_n(1+r) - s_{n+1} > a_n \tag{3.21}$$

ならば，第 n 期においてこの資産を処分すべきである．(3.21) 式は第 n 期で処分価格の差の現在価値の差 $\left(s_n - \frac{s_{n+1}}{1+r}\right)$ がそのときの現金流を上回ったことを意味している．

もし処分価格 s_n および現金流 a_n が確率変数ならば，動的計画法によって N 期から 1 期に向かって逆向きに計算することができる．第 n 期の期首で処分価格 s_n と a_n を観察し，それ以降最適な意思決定をしたときの利得の現在価値を $f_n(s_n)$ とすれば

$$f_n(s_n) = \max\left\{s_n, a_n + \frac{1}{1+r} E[f_{n+1}(s_{n+1})]\right\} \tag{3.22}$$

$n = N, N-1, \cdots, 2, 1$ であり，ただし $n = N$ のとき，$f_{N+1}(\cdot) = 0$ とおけば

$$f_N(s_N) = \max\{s_N, a_N\} \tag{3.23}$$

である．ここで資産の処分価格が次のようなランダム・ウォークに従うと仮定しよう．

$$s_{n+1} = s_n + X_{n+1}$$

ここで X_n は独立で同一の分布 $F(\cdot)$ をもつ確率変数である．(3.22) 式を書き換えると

$$f_n(s) = \max\left\{s, a + \frac{1}{1+r} \int f_{n+1}(s+x)\, dF(x)\right\}$$

となる．

$$f_n(s) - s = \max\left\{0, a + \frac{1}{1+r} \int [f(s+x) - (s+x)]\, dF(x) + \mu_F\right\}$$

となる．ここで μ_F は X_n の平均値（期待値）である．$f_n(s) - s$ は s の減少関数（この説明は n に関する帰納法による）であるから，次のような最適政策を特長づける数列 $(s_1^*, s_2^*, \cdots, s_n^*, \cdots, s_N^*)$ が存在する．すなわち，もし n 期で $s \geq s_n^*$ ならば，この資産を処分し，$s < s_n^*$ ならば処分しないような政策は最適である．

3.4.3 負の投資の意思決定

投資プロジェクトの事前の正味現在価値がプラスであったため投資の実行を行った後で，計画した通りの収益が期待できないこともある．そのような場合，経営者は，その投資した事業から緊急に撤退すべきか否かの意思決定に直面する．このような撤退の意思決定を負の投資決定と呼ぶ．経済的価値のなくなった資産から，またはその資産の魅力度を正確に評価して負の投資としてその事業から撤退することである．たとえばある生産ラインを廃止したり，事業部のリストラや下請け子会社の売却処分はそのような負の投資決定である．固定資産の処分や更新（取り替え）はその資産の使用期間（寿命）を決定する問題であった．それに対して負の投資決定は，次の2点で異なる．まず第1に負の投資による現金流は，固定資産のそれと比較して事業部や子会社に対して予測するのが困難であることが多い．この場合現金流は確率的と仮定して，その期待値を現金流とする．第2の問題は，その事業から撤退したことによる現金流を評価する再投資の適切な収益率を計算することの難しさである．固定資産の処分や更新は企業規模に比例して小さいことが普通であるが，負の投資は，企業の資産規模と比較して相対的に大きく，再投資も容易でないことが多いので，その収益率の計算にも困難が伴う．

演習問題

問題 3.1 2つの企業 A と B について次の表のデータに対して各問に答えなさい．

(1) 企業 A と B の損益分岐点を $P = 700$ と $P = 800$ についてそれぞれ求めなさい．

(2) 企業 B の損益分岐点が企業 A のそれを下回るためには (ii) の場合商品価格 P が何円になればよいか．

第3章 資本予算の管理

表

価格	企業 A		企業 B	
	固定費	変動費	固定費	変動費
(i)700	2,000	100	3,000	90
(ii)800	2,000	120	3,000	110

問題 3.2 企業 C はある製品を製造・販売していて，その固定費は 1000 万円，単位当り変動費は 20 万円で，価格 50 万円で販売している．生産した製品はすべて販売することができると仮定する．次の問いに答えなさい．

(1) 企業 C が 400 台を販売するとすれば，企業の利益はどれ程か．
(2) 売上が 5% 減少すれば，利益は何 % 減少するか．
(3) 固定費が 7500 万円になれば損益分岐点はどうなるか．

問題 3.3 企業 D のある製品の需要は平均 400，標準偏差 15 の正規分布に従うと予想されている．問題 3.2 のデータに対して，利益が 4000 万円を超える確率および 1100 万円以下になる確率をそれぞれ求めなさい．

問題 3.4 納入業者 A と B は同一の商品を納入している．業者 A は単価 1000 円で 30 日後に支払う条件であり，業者 B は単位 1010 円で 90 日後に支払う条件である．

(1) 利子率が年利 12% ならば，どちらの業者から購入すべきか．
(2) A，B 以外の第 3 の納入業者 C は 6 ヶ月後に支払うという条件を出してきたとき，この業者 C から購入するのが有利となる価格を求めよ．

問題 3.5 初期投資額 1000 万円に対し，現金流が 1 年目 600 万円，2 年目 7000 万円となる投資プロジェクトの内部収益率を求めなさい．

問題 3.6 ある投資プロジェクトは次のような現金流を生み出すと予測されている．

年	0	1	2	3	4	5
現金流	−4,000	10,000	10,000	10,000	10,000	10,000

正味現在価値 NPV を割引率 r の関数として描き，内部収益率および回収期間を求めなさい．

問題 3.7 ある企業は 5 年前に 1 億円の機械設備を購入した．7% の投資減税効果によりその年に 700 万円の節税効果があった．もし税率が 40% で割引率が 10% ならば，その機械を 10 年間定額法で減価償却したときの投資減税額の現在価値はいくらか．

問題 3.8 今後 10 年間使用可能な機械の価格は 1500 万円であった．この機械の 10 年後の残存価値が 0 であるとき，減価償却倍掛法によって償却したい．この機械を 5 年後に 1000 万円で売却した．資本利得の税率は 30% で，所得税は 50% であるとき，5 年後の売却によって節税効果はあったか．

問題 3.9 年間収益 350 百万円の企業の発行株数は 100 万株である．すなわち，1 株当り 350 円の収益である．この企業の市場時価総額比率は 1 株当り 14% であるので，1 株 250 円で売却している．いま，企業は 20 万株を新たに 1 株 200 円で発行して 400 百万円の資金を調達したい．既存株主に優先権はなく，株式の資本調達率は同じく 14% と仮定する．もし新株がすべて既存株主によって購入されたならば，新株発行による資本コストはいくらか．もし 40% が新しい株主で，残り 60% が既存株主によって購入されたとしたらそのときの資本コストはいくらか．

第4章

運転資本の管理

　企業の資産は，機械設備や土地のような固定資本と現金，受取手形や在庫などの運転資本からなる．前章では工場等の固定資産を獲得すべきか否かの固定資本への投資分析を確定的な場合と不確実な場合に分けて議論した．本章では，日々の企業活動に伴う運転資金の管理について述べる．運転資金としての現金や受取手形の手取り時期と支払手形や日々の支出の時期とは一般に時間的ズレが常に伴う．したがって，企業は支払能力を維持するために資金としての現金残高をある一定以上に保有する必要がある．丁度，現金を保有する企業の動機は在庫を保有する動機に似ている．支払要求（需要）があったときにそれに応えるための取引動機あるいは投機的動機から今支払うことが望ましいときのために現金を保有する．または不意の急な支払いに備えるための予備的動機などの理由から現金または支払手形など，流動性が極めて高い資産を保有する．この意味で固定資本と運転資本の違いは，その物理的形態にあるというよりも資産の分割容易性と流動性にある．たとえば，固定資産は購入するかしないかであるのに対して，現金残高や在庫量はその必要に応じていくらでも細分化できる．この章では，運転資本として資金管理，在庫管理および受取勘定の管理について述べる．

4.1　資金管理

　運転資本は，固定資本と比べて分割が容易であるばかりでなく，現金に近いという意味で流動性が高く，資金調達に関する素早い意思決定を可能にする．企業

第 4 章 運転資本の管理

の資産の中で運転資産の占める割合が大きければ大きい程に，企業はより流動性を高め，財務的柔軟性を保持できる．図 4.1 はメーカー企業の運転資本を現金残高，在庫，機械設備等の固定資産，および受取勘定との関係を図示したものである．

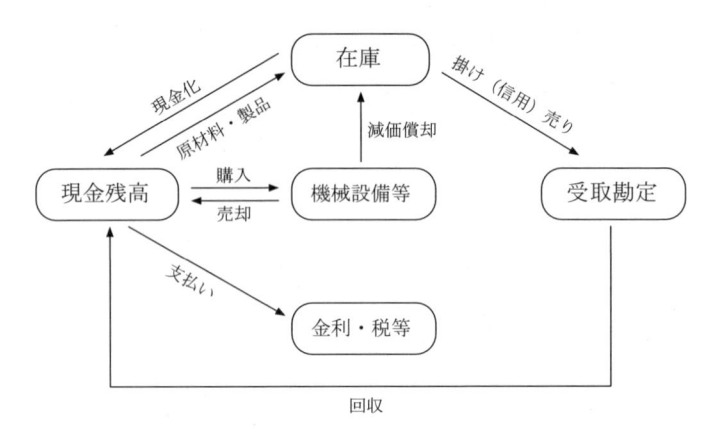

図 4.1　企業における資金と取引の流れ

　矢印は資金の流れを示し，現金流入と流出の過多に応じて資金余剰や欠損が生じる．現金の流入・流出は企業の日々の活動そのものであり，支払い義務が発生した時点で十分な資金を保持していることが企業存続の必要条件である．資金管理は，現金流入と流出のバランスをとりながら支払不履行のリスクと不要な現金残高を最小にするべく資金の手当をすることである．ところが，現金の受け取りと支払いは時間的ズレがあるので，決められた会計年度内または計画期間の下で毎期の資金余剰と欠損を予測し，現金を必要以上に保有することから生じる過剰な流動性に伴う資本コストと必要な現金を保有していないことによる資金欠損の可能性を考慮して，どれだけの資金を保有するかの意思決定に企業は直面する．より具体的には，企業は手持ち資金の総額を現金残高と市場性のある有価証券等にどのように分割して保有すべきかの資金管理の意思決定の問題に直面する．資金管理は，まず年度内の資金予算書を作成することである．月々の売上収入がこの資金予算書通りに生じているか，原材料や従業員の人件費の支払いに十分な現金残高があるかを監視する．余剰がある場合は市場性のある有価証券を

購入し，余裕がないときにはこれらの有価証券を売却したり在庫処分によって資金残高を増やす．企業の現金流に影響を及ぼすかもしれない予期せぬ事態を乗り切るために資金予算の執行を見守る必要がある．このように不確実性の下で支払能力を維持しつつ不要な現金残高を抑制するために，流動資産の適切な組合せを企業は考える．

一方で経営者は，現金資産の運用にも責任を負っている．現金そのものは収益をほとんど生まないが，収益を生んだとしてもローリスク＝ローリターンの原則からその収益率は極めて低い．ある一定程度の流動性と支払い能力を維持しつつ，余剰の現金資産は，安全な市場性のある資産に振向けて運用される．たとえば，国債や高格付の債権や公社債に投資されたりする．ファイナンスでは，余剰資金をどのような有価証券にどの割合で投資するかの意思決定問題を**ポートフォリオ選択問題**と呼ぶ．Markowitz のポートフォリオ選択は，各資産の収益率の平均と各資産間の収益の分散共分散が与えられたとき，ポートフォリオの収益をある水準以上に要求する条件の下で，ポートフォリオ収益のリスクである分散を最小にするような各資産への投資比率を求める問題である．

4.2 在庫管理

企業の経営活動で生じる資金の需要に応えるために資金が必要とすることとほとんど同じ理由で，企業はモノとしての在庫を必要とする．販売する商品への需要が発生したとき，その需要に応えるには在庫を保有している必要がある．部品の価格が値上りすると予想されるとき，安い価格のときに購入してその部品を在庫として保有したり，急な事故や納入遅れのリスクのために企業は在庫する．1個当りの発注や生産に固定的費用ならびに大量発注・大量生産によって単位当り費用を減少できるときにも在庫を保有することは望ましい．一方で，不要な大量の在庫は在庫のために投資した資金の回収が遅れることの費用や機会費用，および在庫を維持する諸々の費用が発生する．このように在庫は多すぎても少なすぎても企業に費用負担を課すので，企業は在庫管理を必要とする．今日では在庫としてのモノはサービスも含め幅広い意味で使う．航空機の座席やホテルの空室など供給量が一定の容量も現金残高と同様に在庫である．これらの在庫に対する管理は**収益管理** (yield management) の名で呼ばれる．また，今日の

第 4 章　運転資本の管理

製造業は部品を調達し，加工し組立てた完成品を物流センターから小売店を経て消費者に届けるまで長く幅広い流通経路をもつ．この長い流通経路の各レベルで在庫を保持することが多い．流通経路の各レベルで局所的な在庫管理を個別にするのではなく，長い流通経路全体の大域的な在庫管理を**サプライチェーン・マネジメント**と呼ぶ．流通経路のある地点から他の地点へ商品を移動・輸送するのに時間 t を要し，移動先の地点で需要が平均して D 単位とすれば，この輸送時間のために必要となる在庫量は $D \cdot t$ である．流通経路の最終地点である小売店では，変動する需要に応えるために安全なある一定水準の在庫が必要になる．このように在庫は流通経路で発生する需要と供給の歪みを和らげ除去する役割を担っている．

4.2.1　在庫費用

在庫を保有するメリットについては既に述べた．在庫をどれ程保持すべきかを決めるためには在庫に関するメリットと同様に費用を考えなければならない．なぜなら最適な在庫量は，在庫の限界費用とメリットがつり合った水準であるからである．在庫費用には在庫を保持・維持する費用，発注に伴う固定費用，在庫をもたないことによって需要を失うことにより生じる品切れ費用，リスク負担費用，保険や税に係る費用，在庫投資への運転資本コスト等を含む．

4.2.2　経済発注量モデル

単純な在庫量決定モデルは**経済発注量モデル** (economic order quantity model) と呼ばれるものである．需要 D は一定かつ確定的で品切れは認められず，単位当り在庫維持費は h，1 回当りの固定的発注費を K とし，1 回当りの発注量を Q とすれば，在庫費用と発注費用からなる総費用 $T(Q)$ は

$$T(Q) = \frac{hQ}{2} + K\frac{D}{Q} \tag{4.1}$$

となる．$Q/2$ は発注期間での平均在庫量であり，D/Q は計画期間での発注回数である．在庫水準と在庫の推移を図示したものが図 4.2 である．

4.2 在庫管理

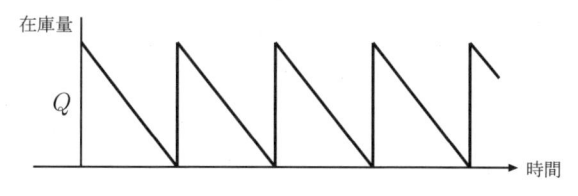

図 4.2 在庫の発注パターンと在庫水準

(4.1) 式の総費用 $T(Q)$ を最小にする最適な発注量 Q^* は $T(Q)$ を Q で微分して，それをゼロと置いて求められる．すなわち

$$\frac{dT(Q)}{dQ} = \frac{h}{2} - \frac{KQ}{Q^2}$$

をゼロとおけば

$$Q^* = \sqrt{\frac{2KD}{h}} \tag{4.2}$$

を得る．この Q^* を (4.1) 式に代入すれば，そのときの最小費用 $T(Q^*)$ は

$$T(Q^*) = \frac{hQ^*}{2} + K\frac{D}{Q^*} = \sqrt{2hKD} \tag{4.3}$$

となり，最適な発注期間 $t^* = \frac{Q^*}{D} = \sqrt{\frac{2K}{hD}}$ を得る．また最適な発注量は，在庫費用 $hQ/2$ と発注の費用 KD/Q とがバランスしたときであるから，この 2 つの量を等しくすることで，$hQ/2 = KD/Q$ からも (4.2) 式の Q^* を得ることができる．

もし品切れが認められるならば，単位当り品切れ費用を p とし，品切れ量を S とすれば，(4.1) 式の総費用は Q と S の関数に修正されて

$$T(Q,S) = \frac{h(QS)^2}{2Q} + \frac{pS^2}{2Q} + K\frac{D}{Q} \tag{4.4}$$

となる．(4.4) 式を Q と S に関して偏微分して，それを連立して解けば，最適発

第 4 章 運転資本の管理

注量 Q^* と最適品切れ量 S^* は

$$Q^* = \sqrt{\frac{2KD}{h}}\sqrt{\frac{h+p}{p}} \tag{4.5}$$

$$S^* = \sqrt{\frac{2KD}{h}}\sqrt{\frac{p}{h+p}} \tag{4.6}$$

を得る．明らかに $S^* < Q^*$ であり，品切れが認められないときの経済発注量 (4.2) 式より $\sqrt{(h+p)/p}$ だけ大きくなっている．経済発注量モデルには生産能力が無限大という強い仮定がある．すなわち，在庫の補充は瞬時に可能という仮定である．現実的には発生から納入まで時間的遅れ（**リード・タイム**と呼ぶ）がある．需要が既知で一定であるという仮定も強いので，もし需要が確率的ならば変動する需要による在庫切れのリスクを回避するために企業は**安全在庫**というバッファを保有するのが普通である．

例 4.1 あるメーカーは自社製品に必要な部品を部品メーカーから調達している．過去のデータから毎月 1000 個（年間 12000 個）を必要としている．発注費が 2500 円で部品単価は 250 円である．在庫維持費用は部品単価の 20% と推定している．年間 250 日が稼働日で発注から納入まで 5 日掛かる．このメーカーの経済発注量，発注期間を求めなさい．また，最小費用を計算せよ．
（解）

$$(4.2) \text{ 式より,} \quad Q^* = \sqrt{\frac{2KD}{h}} = \sqrt{\frac{2(2500)(12000)}{250(0.2)}} \fallingdotseq 1095.45$$

$$t^* = \frac{Q^*}{D} = \frac{1095.45}{12000} \fallingdotseq 0.0913$$

年間 250 日の営業日であるので，250(0.0913) ≒ 22.8 日ごとにその 5 日前に発注する．

$$T(Q^*) = \sqrt{2hKD} = \sqrt{2(250 \cdot 0.2)(2500)(12000)} \fallingdotseq 54772.26$$

運転資本の中で資金や有価証券の流動性は高いが，在庫も有形の資産であり，価格が一定であればある期の売上高は期首在庫量と期末在庫量の差に比例する．

運転資金の増加や確保には在庫の適正な管理が重要な要件となる．経済発注量や安全在庫量を一度決定すれば，生産計画の策定が可能となり，運転資本の計画・管理がより容易になる．

4.3 受取勘定の管理

　企業収益の源泉は自らの商品（製品）またサービスを他企業を経由して最終的には消費者へ販売することにある．販売した企業は購入した企業との間で信用に基づく手形決済をそれぞれの口座への振込みと受け取りによって行う．もし企業間のすべての取引が現金で行われるならば，受取勘定の管理ばかりでなく信用取引リスクや不良債権などの信用に係る費用を除去できる．現実には，信用による取引があるからこそ取引量を増大させ，商品の移動と資金決済の時間的ズレを可能にしている．またこのことが取引に伴う費用を減じ利益の増加に繋がっている．一方，信用による取引が過大になれば受取勘定の量が増え，その売上金の回収費用も含めた管理コストが増大して，売上高の増加にも拘らず利益の確保に結び付かない可能性がある．したがって，受取勘定における信用取引の適正な量を考える必要がある．すなわち，不良債権を最大限ある一定以下に保ちながら企業の期待収益を増大するという目的の下で支払勘定の管理の役割がある．換言すれば，受取勘定の管理によって企業は包括的な信用リスクの管理の枠組みを確立することができるのである．しかし，企業は継続的な取引相手である客（企業）に対して取引ごとに現金支払を要求しない代わりに，間接的に (1) 販売決済期間の調整によって受取勘定の量と質を管理すること，(2) 信用枠の平準化をすること，および (3) 支払期限が過ぎた受取勘定の回収などの意思決定が，受取勘定の主たる管理となる．このように受取勘定の管理は，在庫管理と同様に，企業の現金流の規模とタイミングに大きな影響を与え，企業の流動性および支払能力が許容範囲を超えることのないようにする上で重要な管理である．

　販売時点とその代金の支払時点との差を**販売期間** (terms of sales) と呼ぶことにする．企業は信用販売による販売期間をどのように最適化すればよいであろうか．今日の通信販売やインターネット販売においても様々な販売期間と支払条件がある．販売期間には，3つの決定変数 (1) 割引率 d，(2) 割引期間 t および (3) 信用期間 T を含む．割引率は，客が割引期間内に代金を支払えば請求額

のある一定割合（パーセント）を割引くことで，アーリーバード (early bird) とも呼ばれる．信用期間は，支払いが延期される期日までの日数を指す．この信用期間は一般に割引期間よりも長い．したがって，客はアーリーバードによる割引価格を支払うか，またはより遅い期日の信用期間内で請求額を支払うかを選択できる．たとえば，ある商品の販売期間は 30 日であり，割引期間 2 週間で割引率 2%，信用期間 30 日とすれば，年間の割引率は $2 \times \frac{360}{14} \fallingdotseq 51.43$ である．この割引率 51% と客（企業）の資本コストと流動性コストから計算した割引率と比較して，割引販売価格か請求価格かのいずれかを選ぶことになる．販売に季節変動があったり陳腐化商品を販売する企業は，販売期間の戦略を重要視する．なぜなら季節変動や陳腐化商品による在庫変動によるコストや現金流の不安定性を回避したいからである．販売期間を長くするとこは信用期間を長くすることであるが，このことはその企業の資本コストを大きくするという短所がある．

販売期間の最適化

販売期間の設定は，受取勘定の管理すなわち企業の販売高と収益に影響を与えることをいままで述べてきた．以下では，販売期間の決定を価格決定の意思決定問題として簡単なモデルによって説明する．企業は現金または信用で販売することができ，請求価格または割引価格で販売できる．信用で販売することは，現金価格を下げることと実質的に同じである．この現金価格の引き下げの効果は，引き下げ幅と引き下げに伴う需要の増加すなわち需要の価格弾力性に依存する．

P を請求価格，d を販売割引率，t を割引期間，k を買い手の資本コスト（1日当り）とすれば，割引期間内での買い手の支払額は $P-Pd$ であり，信用取引の代わりに割引期間に購入したことによる資本コストは $P(1-d)\frac{kt}{365}$ であるから，買い手の割引の資本効果は

$$P - Pd - P(1-d)\frac{kt}{365} = P(1-d)\left(\frac{365-kt}{365}\right) \tag{4.7}$$

となる．$P = 100$（万円），$d = 5\%(0.05)$，$t = 30$，$k = 0.15$ とすれば $P(1-d)(365-kt)/365 = 100(1-0.05)(365-0.15 \cdot 30)/365 \fallingdotseq 93.83$ となって，資本コストを考慮した現金価格において 93.83% 減額となる．

(4.7) 式において，企業にとって信用取引コストが高いならば，現金割引の取

引を採用する．もし資金操りに苦労したり財務的体質が弱い企業は，現金割引の利点をとることができない．逆に，売り手としての企業は販売期間が長くなれば売上金の回収不能や現金流の資本コストが高まるリスクを抱える．したがって，販売期間の設定において割引率や割引期間の設定は客の信用リスクと支払能力を考慮して設定されることになる．

4.4 信用リスクの管理

企業にとって商品を販売した買い手が破綻する可能性が大であると予測すれば，どの企業もその買い手に対して信用販売をしない．しかし，現実問題として販売代金を確実に回収できるか否かを確信できない場合も少なくない．したがって，多くの企業は，信用販売による潜在的利益と取引相手の破綻による損失とを比較することによって買い手に対して信用販売するか否かの意思決定を行う．この場合，企業の破綻確率や**格付け**が重要な情報となる．格付けは破綻確率 q と破綻したときの資産の回収率 θ によって計算する．格付会社S&P(スタンダード・アンド・プアーズ社) による格付けは

$$q(1-\theta) \tag{4.8}$$

に基づいている．破綻確率 q は過去のデータに基づき，その企業（取引相手）が破綻する確率を主観的に推定することが多い．回収率 θ は破綻後に企業の資産を競売に賭けることによって回収できる資産の割合である．ムーディーズ社による格付けは破綻確率 q に基づいている．したがって，回収率 θ が同じにならばS&P社とムーディーズ社は，同一の格付けを付与することになる．

つぎに，ある企業が N 社の企業と取引し，それぞれの企業への信用販売額 $s_i, i=1,2,\cdots,N$，をどのように設定するかの問題を考えよう．企業 i への販売額 A_i に対してその企業 i の限界生産（販売）費 c_i は一定とし，その不良債権 B_i は確率変数であるとすれば，企業 i の利潤 $\Pi_i(s_i)$ は

$$\Pi_i(s_i) = s_i(1-c_i) - B_i \tag{4.9}$$

となる．企業 i が破綻する確率 q_i は

$$\begin{aligned}q_i &= P\left\{\Pi_i(s_i) < 0\right\} \\ &= P\left\{B_i > s_i(1-c_i)\right\}\end{aligned} \quad (4.10)$$

で与えられる．各企業 i の利潤の期待値 $E[\Pi_i(s_i)]$ とその分散 $Var(\Pi_i(s_i)) = Var(B_i)$ となる．N 社と信用取引している企業が，信用枠の上限 S と破綻リスクの分散の上限が B であるという制約条件の下で，販売利潤の期待値を最大とする信用販売額 $s_i,\ i=1,2,\cdots,N$，を決定する問題は次のように定式化される．

$$\max_{s_1,s_2,\cdots,s_N} E\left[\sum_{i=1}^{N}\Pi_i(S_i)\right] = \sum_{i=1}^{N}[s_i(1-c_i) - E(B_i)] \quad (4.11)$$

制約条件：

$$\begin{aligned}\sum_{i=1}^{N} s_i &\leq S, \\ \sum_{i=1}^{N} Var(B_i) &\leq B, \\ s_i &\geq 0, \quad i=1,2,\cdots,N.\end{aligned} \quad (4.12)$$

ここで，各企業の不良債権は互いに独立と仮定した．もし不良債権 B_i が信用枠 s_i に等しいときに，その企業が破綻する確率が q_i ならば，企業 i の期待利潤 $\Pi_i(s_i)$ は (4.9) 式より

$$E\left[\Pi_i(s_i)\right] = s_i(1-c_i) - q_i s_i$$

となるので

$$\frac{E\left[\Pi_i(s_i)\right]}{s_i} = 1 - c_i - q_i$$

となる．破綻確率の小さい企業から大きい企業に従って格付けするとすれば，N を増加させる程企業の期待利潤は増加するが，破綻リスクによる利潤の分散も大きくなる．もし各企業の不良債権が互いに独立ならば，(4.9) 式より

$$Var\left(\sum_{i=1}^{N}\Pi_i(s_i)\right) = \sum_{i=1}^{N} Var(\Pi_i(s_i)) = \sum_{i=1}^{N} Var(B_i) \quad (4.13)$$

となる．期待値 $E[\sum_i \Pi_i(s_i)]$ をリターンとして縦軸に，分散 $Var(\sum_i \Pi_i(s_i))$ をリスクとして横軸にとって (4.11) 式と (4.13) 式を図示すれば，図 4.3 のようにリターンとリスクの関係を得る．

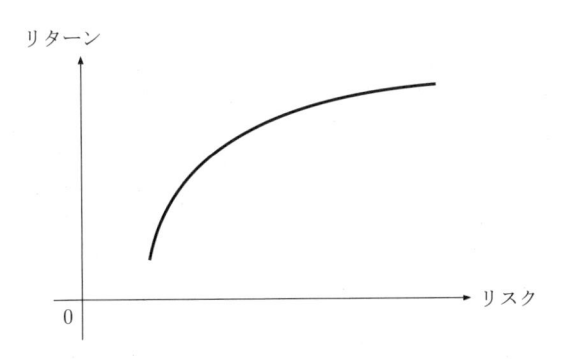

図 4.3 信用枠の増加（N の増加）と期待利潤

販売した客が予定の期日通りに請求額を支払ってくれれば，企業は勘定口座の資金をその他の運転資金に振向けることができる．支払が滞ったり，全額が支払われない場合は，企業は販売代金の回収という問題に直面する．企業はこの回収にどの程度の努力と費用を注ぐべきであろうか．回収政策としてはメールや電話による寛大な回収から，直接訪問したり回収業者や法的に訴えるなど厳しい回収まで様々であるが，厳しい回収政策はコストが掛かり評判等にも影響する．どのような政策が望ましいかは，販売による収益と不良債権としての損失が回収費用と連動しているので，信用販売枠と不良債権の損失額を総合的に評価して判断することになる．

演習問題

問題 4.1 運転資本に関する意思決定は固定資本に関するそれとどのように異なるかを説明しなさい．

問題 4.2 毎日の需要が一定で 200 単位であり，在庫品の単価 50 円に対して在庫維持費はその 20% である．品切れによる繰越費用は 30 円，1 回当りの発注

費は 25 円であるとき，経済発注量を求めよ．次に，品切れが認められる場合の最適品切れ量を求めよ．

問題 4.3 ある企業は販売期間 30 日で割引率 10%，単価 800 円の商品を販売している．年間の需要は 10000 個であり，この商品の需要の価格弾力性は 1.8 である．資本コストが 1 日当り 12% ならば，割引の資本効果はいくらか．同じく販売期間 30 日で割引率が 2% の場合，販売期間 60 日で 1% の場合，それぞれの資本効果と需要の変動はいくらか．

問題 4.4 あるメーカーは消費者に 12 回分割払いで自社製品を販売している．もし月間販売高が 5000 万円ならば，6 ヶ月後と 12 ヶ月後の受取勘定の総額はそれぞれいくらか．この受取勘定の総額を決定する式を導出しなさい．

問題 4.5 次の表は取引相手を 7 つのリスク・クラスに分類し，リスク・クラス 1 は最もリスクが低く，クラス 7 は最もリスクが高い．第 2 列目に取引相手への販売高，第 3 列目に破綻確率，第 4 列目に販売高 1 単位当りの期待利潤（期待売上高から期待損失額を差引いた額），最後の列に回収不能率を表示してある．リスク・クラスごとの総期待利潤と期待損失額を計算せよ．

表　信用販売とその期待利潤

リスク・クラス	販売高（万円）	破綻確率	単位当り期待利潤	回収不能率
1	1,000	0.001	0.399	0.0010
2	400	0.005	0.395	0.0042
3	300	0.010	0.390	0.0064
4	100	0.015	0.385	0.0073
5	30	0.050	0.350	0.0870
6	10	0.450	−0.050	0.0223
7	10	0.500	−0.100	0.0271

第5章

資本構成と配当政策

第3章では実物資産の獲得としての投資プロジェクトの評価について述べ，第4章では運転資本の管理について解説した．そこでは投資の意思決定は収益性または企業価値を最大にするか否かによって評価した．さらに投資のための資金調達は最適に行われることを前提とした．この章では，投資のための資金調達について論じる．企業は一般に投資のための資金調達を株式と負債の発行によって行う．負債は外部資本による資金調達と呼び，株式は株主資本と呼ばれる内部的にまたは外部的に資金を調達する方法である．この両者の相違は，負債は返却しなければならない借金としての信用リスクが伴うのに対し，株式は自己資本として企業の所有権（株主総会での議決権）が伴う点である．経営者の資金調達に関する主たる意思決定は，(1) 企業は負債によってどれ程の資金を調達すべきか，(2) もし株式で資金調達するならば，内部留保金を取り崩すかまたは新たに株式を発行してどれ程調達すべきか，(3) 負債と株式の両方によって資金調達するならば両者の資金調達の最適な比率はどの程度であるべきか，(4) 負債と株式の比率は金利負担と流動性にどの程度影響を与えるか，の疑問に応えることである．

5.1 資金調達と負債の管理

資金調達を負債と株式で行うことは，負債・株式比率を決めることである．負債による資金調達は短期と長期の負債の配分を決めることである．内部留保金は，負債を支払った後の剰余金を株主への配当と内部資金として留めおいた資本

第 5 章　資本構成と配当政策

表 5.1　トヨタ自動車の貸借対照表（2010 年 3 月決算）

科　目	当　期	科　目	当　期
（資産の部）	百万円	（負債の部）	百万円
流動資産	4,834,106	流動負債	2,535,200
固定資産	5,516,670	固定負債	1,177,884
		（純資産の部）	百万円
		株主資本	6,392,222
		資本金	397,049
		資本剰余金	418,103
		利益剰余金	6,855,777
		自己株式	△ 1,278,708
		評価・換算差額等	236,319
		新株予約権	9,149
資産合計	10,350,776	負債及び純資産合計	10,350,776

であるから，株式による調達には株主持分としての内部資金によるものと新株発行による新規株主からの外部資金による 2 つの資金調達がある．配当と資本利得の観点から既存株主と新規株主との利害は必ずしも一致しない．負債についても金利負担の伴う資金調達に限定する．したがって，負債は長期負債と短期負債とし，株式の資本調達は資本金と内部留保金に限定する．例として，2010 年のトヨタ自動車の貸借対照表からそれぞれを引用すれば，負債・株式比率 = 負債総額/資本 = $3,713,084/6,392,222 \fallingdotseq 0.581$ となる．また 総資産/内部留保金 を計算すれば，$10,350,776/6,855,777 \fallingdotseq 1.510$ となり，企業の内部資金による資金調達力を知ることができる．貸借対照表は特定の日時（通常 3 月 31 日が多い）での資産と負債・株主資本とを対比させることであり，そこでの資本構成は企業活動の結果としての資金調達パターンの累積的な結果を反映している．この結果，産業特性も反映しているので，株式と負債の比率は当然のこととして銀行などのサービス業とメーカー等の製造業とでは資本構成が異なるのが普通である．

　負債による資金調達には負債の満期の組合せ，すなわち期間構造の決定の問題があると先に述べた．この節では，株式と負債の比率の意思決定に焦点を絞るために負債の満期はすべて同一と仮定しよう．この仮定の下で，企業価値を最大に

5.1 資金調達と負債の管理

する負債による資金調達はどれ程であるかを考える．企業の営業利益は保有する資産によって生み出されたものである．実物投資および金融投資への実行が企業の資産を形成する．この形成された資産が市場で評価され，企業価値すなわち株価として評価される．したがって，投資のための資金調達のコストが安くなれば安い程，企業価値を高める．

図 5.1 のように，2 つの投資プロジェクト A, B において負債による資金調達額がそれぞれ I_A と I_B, $I_A < I_B$ とし，毎期の金利負担額はそれぞれ αI_A, αI_B である企業を想定しよう．税引前の純営業利益 E_t は時間に依存して，どちらの投資プロジェクトでも同一として図のようなカーブを描くと仮定する．

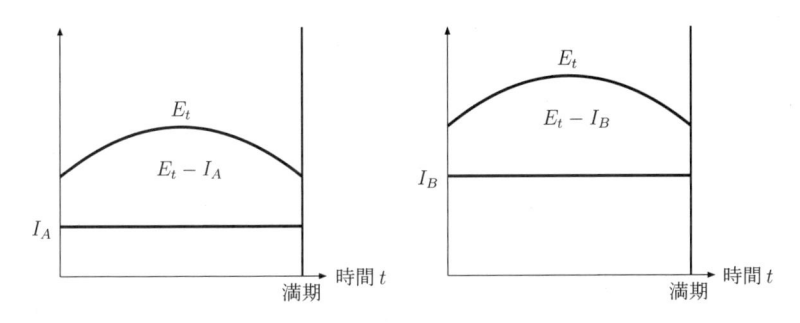

図 5.1 投資プロジェクト A, B の営業利益と負債額

明らかに，金利を支払った後の残余の収益はそれぞれ $E_t - I_A$ と $E_t - I_B$ となって，同一の営業利益のパターンの下では，プロジェクト A の金利支払後の営業利益はプロジェクト B のそれより大きい．しかし，E_t は税引前の収益であるから，プロジェクト B の節税額はプロジェクト A よりも大きい．さらに負債による金利支払は営業利益の変動リスクよりも小さいので，金利は残余利得のそれよりも市場価値が大きい．したがって，金利と収益の機会費用が一定ならば，余剰収益から金利支払へ所得を移転させる方が，企業価値を大きくするであろう．しかし，税引前の営業利益と余剰収益は時間とともに変動する確率変数である場合が多いので，企業の金利負担の相対的比率を高める傾向がある．より大きな負債による資金調達は，金利負担の過大により支払不能のリスクを増大させる可能性が大きくなる．その結果，株主は支払不能による破綻リスクを補うに充分

な株価収益率と金利支払を要求する．負債による資金調達が大き過ぎても小さ過ぎても望ましくないならば，その中間に負債と株式の最適な資本構造が存在することを示唆している．

このように負債による資金調達は，企業の極端に低い流動性すなわち破綻リスクを引き起こさない限り，税引後の純営業利益を生み出す能力を高める．過大な負債が企業の流動性を余りにも大きく減少させるならば，収益性の高い投資プロジェクトを実施することができなくなる．したがって，図 5.1 にあるようなプロジェクト A と B のいずれが企業価値を高めるかは，負債による資金調達が企業の税引後収益をどれ程高めるか，または余剰収益の資本コストに依存する．より大きな負債による資金で調達されたプロジェクト B の下での企業価値は，負債と株式の和としての企業価値が増加する場合か，または負債の市場価値の増分が株式の市場価値の減少分以上に償う場合である．V を企業価値，E を株式価値，B を負債価値とすれば

$$V = B + E \tag{5.1}$$

であるから

$$E = V - B \tag{5.2}$$

となって，企業価値 V が一定ならば，株式価値を最大にすることは負債価値（この場合はコストと見做して）を最小化することと一致する．逆に，株価を固定的な所与とするならば，企業価値を最大にする負債による資金調達額を決定する問題は負債・株式比率を決定する問題となる．

負債による資金調達の効果

負債による資金調達は，税引後の純営業利益と金利ならびに余剰利得の資本コストを通して企業価値に影響することを述べた．負債による資金調達が企業の営業利益と支払能力または支払不能リスクにどのような効果をもつかをより厳密に見てみよう．企業の営業利益が変動するならば，1 株当りの株価収益率も変動する．図 5.1 のように投資プロジェクト A は B よりも少ない負債比率によって資金調達されたとしよう．株価収益率 (EPS) は，税引前利益 P であり，負債による資金調達額を I，株式による調達額を E，金利の負担率を i，税率を τ と

5.1 資金調達と負債の管理

すれば

$$\begin{aligned} \text{EPS} &= \frac{(P - Ii)(1-\tau)}{E} \\ &= \left(\frac{P}{E} - \frac{Ii}{E}\right)(1-\tau) \end{aligned} \quad (5.3)$$

である．プロジェクト A, B の負債額を I_A, I_B とすれば，図 5.2 は (5.3) 式を図示したもので，横軸に税引前営業利益 P をとり，縦軸に株価収益率 (EPS) をとって，負債による資金調達効果を説明している．

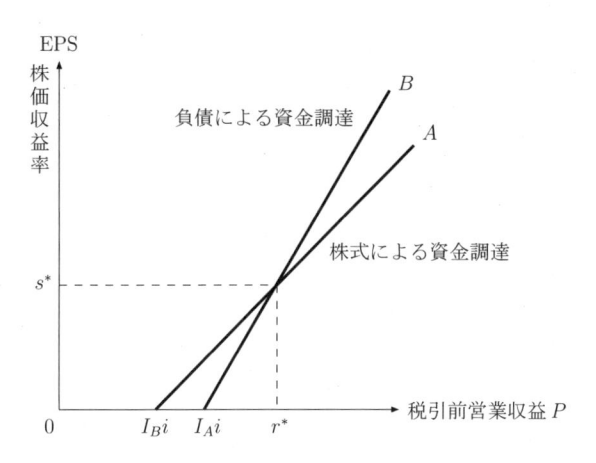

図 5.2 株価収益に与える負債比率の効果

税引前収益が r^* より大であれば，プロジェクト B の負債比率の大きい資金調達方法が株式収益率すなわち企業価値を高める．しかし r^* より小さいならば，プロジェクト A の株価収益率はプロジェクト B のそれより大である．ここで r^* はプロジェクト A と B の株式収益率が同一となる税引前の営業収益である．プロジェクト B は金利負担が大きいので十分な税引前収益がないならば，すなわち r^* 以上でなければ，プロジェクト A よりも税引収益率は下回る．図 5.2 の直線 A, B の傾きは株式調達額の逆数を表している．$I_A = 200$（万円），$I_B = 400$（万円），$i = 0,1$, $\tau = 0.4$, $E_A = 500$（万円），$E_B = 300$（万円）とすれば，企

業価値は投資時ではともに 700（万円）である．

$$\text{EPS}_A = \frac{(P - I_A(0.1))(1 - 0.4)}{E_A} = \frac{(P - 200(0.1))(0.6)}{500} = 0.0012(P - 20)$$

$$\text{EPS}_B = \frac{(P - I_B(0.1))(1 - 0.4)}{E_B} = \frac{(P - 400(0.1))(0.6)}{300} = 0.002(P - 40)$$

となる．$\text{EPS}_A = \text{EPS}_B$ となる税引前利益 P^* を求めると $P^* = 70$ となる．$P^* = 70$ 以上の税引前の収益が期待されるときは，プロジェクト B が株式収益率をより大きく，それ以下では，プロジェクト A が株式収益率をより大きくする．図 5.2 および (5.3) 式は負債による資金調達が株式収益率にどのような効果をもたらすかも説明している．すなわち金利負担額 Ii と株式による資金調達額 E との比率 Ii/E に反映されている．税引前収益 P の変動は，1 株当りの収益 P/E の変動を意味するので株価収益率に影響を与える．税率が一定でかつ比率 Ii/E が安定的という条件の下で，株式による資金調達額 E が小さければ小さい程，その影響は大きい．

つぎに，負債による資金調達が企業収益の変動にどのような影響を与えるのかを計量化してみよう．企業収益は税引後の純営業利益の変動に応じて変動する．企業収益を P，金利支払額を iI，税率を τ とすれば税引後の純営業利益である金利収益 E は

$$E = (P - iI)(1 - \tau) \tag{5.4}$$

となるので，もし P が $x\%$ 増加したときの税引後純営業利益 E' は

$$E' = (P(1 + x) - iI)(1 - \tau) \tag{5.5}$$

となる．P の $x\%$ 増に対応する E の増加率を e とすれば

$$e = \frac{E' - E}{E} = \frac{xP}{P - iI} > x \tag{5.6}$$

となる．この e は税引後の余剰収益率を表す．なぜなら $P/(P - iI) > 1$ であるから，P の増加率 x よりも税引後の純営業利益の増加率 e の方が大きく，その増加率 e は税率 τ から独立である．金利支払額 iI が大きくなる程，iI が P より小である限り，e も大きくなる．また P の増加率 x に比例して e も大きくな

る．P は，株式と負債による資金の投入量に対する産出量であるから，$(P-iI)$ は株式の P への貢献度を表している．$P/(P-iI) > 1$ は現行の資本構造の下でのレバレッジ（てこ率）の程度を表している．資本構成におけるレバレッジは，第 4 章で述べた営業コストにおけるレバレッジとよく似た概念であるが，別物である．営業コストのレバレッジは，販売高が営業収入にどの程度の影響を与えるかの尺度であった．資本構成におけるレバレッジは，負債による金利負担を支払った後の純営業利益が余剰収益率 e にどの程度の変化を与えるかを示す尺度である．資本構成におけるレバレッジとしての負債比率は，余剰収益の変動を制御するための手段でもある．

ある企業が年間の永続的な正味営業収益として $\bar{X}$ 円を予想しているとしよう．この年間正味営業収益を所与として，企業は資金調達後の企業価値を最大化したいならば，正味営業収益 $\bar{X}$ を金利支払，法人税および株主に帰属する余剰収益にどのように分割すればよいであろうか．その結果として，負債と株式の和としての企業価値は最大化されるであろうか．金利支払を I，税率を τ とすれば，金利と税引後収益の和は

$$I + (\bar{X} - I)(1-\tau) = \bar{X}(1-\tau) + I\tau \tag{5.7}$$

となる．ここで $\bar{X}(1-\tau)$ は税引後収益であり，$I\tau$ は金利支払 I に対する節税額である．企業の正味営業収益 V は，(5.7) 式の金利支払および株主に帰属する余剰収益をそれぞれの資本コストで割り引いた正味現在価値であるから

$$V = \frac{I}{r} + \frac{(\bar{X}-I)(1-\tau)}{i} \tag{5.8}$$

となる．ここで r は負債権者の資本コスト，i は株主の資本コストであり，$i > r$ である．負債・株式比率の変動にも拘らず i と r が一定である限り，負債の節税効果により，株式による資金調達から負債による資金調達へ移行すれば，企業価値 V は増加することがわかる．しかし，負債の比率が大きくなれば支払不履行のリスクが高まる．一方で株式に帰属する余剰収益の変動（ボラティリティ）が大きくなれば，r と i は共に大きくなる．r と i は負債・株式比率 θ に依存し，θ の増加関数である．$i(\theta) > r(\theta)$ の下で，$\theta = 0$ は負債による資金調達がゼロであるので，節税効果はゼロである．よって企業価値 V も小さくなる．θ の増加

につれて節税効果により企業価値 V は徐々に増加する．$\theta = 1$ のときは，株式のみによる資金調達である．$i(\theta)$ と $r(\theta)$ は θ と共に大きくなるので企業価値は小さくなる．途中の適切な負債・株式比率 θ^* の下で企業価値 V は最大化されることになる．このときの資本コスト ρ は $r(\theta^*)$ と $i(\theta^*)$ の加重平均である．すなわち

$$\rho = \theta^* r(\theta^*) + (1-\theta^*) i(\theta^*) \tag{5.9}$$

である．θ と企業価値 V の関係を図示したものが図 5.3 である．

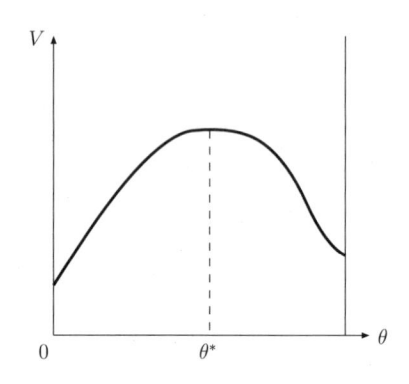

図 5.3 負債比率と企業価値

　表 5.2 は負債 I を増加させたとき，企業価値 V がどのように変化するかを示した数値例である．表 5.2 の企業は毎年 10000 千円の営業利益があり，$B = 0$ のとき $r = 7\%$，$i = 9.5\%$ で，$I = 20000$ のとき $r = 7.5\%$，$i = 10\%$ で，$I = 30000$ のとき $r = 8\%$，$i = 11\%$ で，$I = 40000$ のとき $r = 9.5\%$，$i = 13.5\%$ であると予想している．税率 $\tau = 50\%$ とする．表 5.2 から負債による調達額が 30000 千円のとき企業価値は最大となり，その値は 64545 千円である．

5.1 資金調達と負債の管理

表 5.2 負債と企業価値の関係（単位千円）

負債 $I(r, i)$	$r = 0.07$, $i = 0.095$ $I = 0$	$r = 0.075$, $i = 0.1$ $I = 20,000$	$r = 0.08$, $i = 0.11$ $I = 30,000$	$r = 0.095$, $i = 0.135$ $I = 40,000$
営業利益	10,000	10,000	10,000	10,000
金利支払 rB	0	1,500	2,400	3,800
課税所得	10,000	8,500	7,600	6,200
所得税	5,000	4,250	3,800	3,100
余剰金	5,000	4,250	3,800	3,100
株主持分 E	52,632	42,500	34,545	22,963
企業価値 $(I+E)$	52,632	62,500	64,545	62,963

(a)

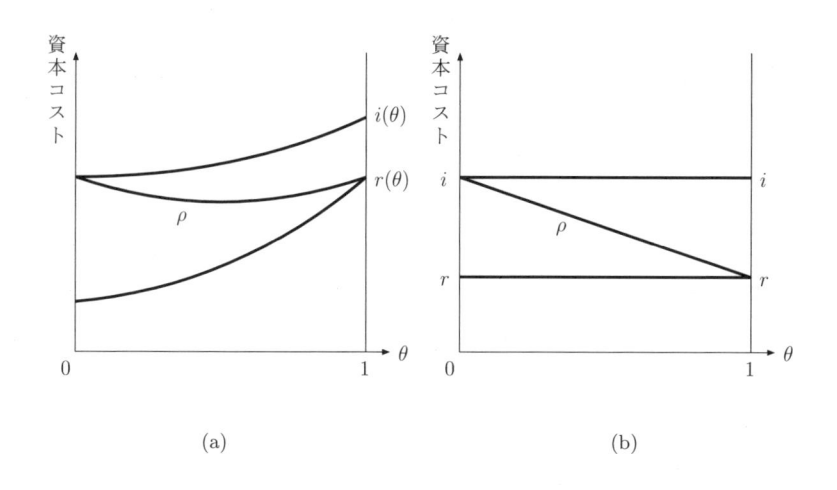

(b)

図 5.4 負債比率と資本コスト

図 5.4(a) は負債・株式比率 θ の変化に応じて負債の資本コスト $r(\theta)$，株式の資本コスト $i(\theta)$ および (5.9) 式の加重平均資本コスト ρ の変化を描いている．ここでの議論は，負債の満期は同一と仮定した．負債の満期は異なるのが普通であるから，負債・株式比率を決定した後，企業は長期負債額と短期負債額をそれぞれ決定し，または長期負債から短期負債に移行するタイミングを決める意思決

定問題に向合うことになる．

　ここで有名な Modigliani and Miller (MM) 命題について触れておこう．MM 命題は，「同一のリスク・クラスに属する企業の企業価値は同一の資本コストをもち，資本構成（負債と株式の比率）には独立である」と端的に表現している．この命題は税金等の取引費用が存在しない完全な資本市場を前提としている．税金等がなく資本構成が企業リスクに無関係ならば，MM 命題は，資本構成以外で同一の企業は投資家にとって無差別であると主張している．株式による資金調達において株主は有限責任であるのに対して，個人が負債調達を自己資産で行った場合，その個人は無限責任である．税金が存在しないとしても，負債による資金調達は企業価値を高める可能性がある．いま，税金が存在しないと仮定すれば，株主に帰属する余剰利得 $\bar{X}$ は

$$\bar{X} = I + (\bar{X} - I) \tag{5.10}$$

となる．株式と負債の市場価値をそれぞれ S と L とすれば

$$r = \frac{I}{L}, \quad i = \frac{\bar{X} - I}{S} \tag{5.11}$$

となるから，(5.10) 式を V で割れば

$$\begin{aligned}\frac{\bar{X}}{V} &= \frac{I}{L} \cdot \frac{L}{V} + \frac{\bar{X} - I}{S} \cdot \frac{S}{V} \\ &= r\frac{L}{V} + i\frac{S}{V}\end{aligned} \tag{5.12}$$

を得る．(5.12) 式の右辺は，負債・株式比率 $\theta = L/V$，$(1-\theta) = S/V$ であるから，$\rho = r\theta + i(1-\theta)$ となって負債と株式の資本コストの加重平均である．$\bar{X}$ を所与としたとき V が一定ならば (5.12) 式より i と r も一定である．したがって，負債・株式比率 θ に対して加重平均コスト ρ も一定である．もし $r(\theta) = r$ で $i(\theta) = i$（一定）ならば，図 5.4(b) のように (5.9) 式の ρ は θ の直線の減少関数となる．$i > r$ であるので企業価値は θ の増加関数となる．

　もし θ が変化したとき r と i が共に変化するとしよう．簡単のために図 5.5(a) のように $i(\theta) = i_0 + a\theta$，$r(\theta) = r_0 + b\theta$，$0 \leq \theta \leq 1$ の範囲で $i_0 > r_0$，$b > a > 0$

とすれば，(5.9) 式より加重平均資本コスト ρ は

$$\rho = (r_0 + b\theta)\theta + (i_0 + a\theta)(1-\theta)$$
$$= (b-a)\theta^2 - (i_0 - r_0 - b)\theta + i_0 + a \tag{5.13}$$

となる．ρ を最小にする θ^* を求めると

$$\theta^* = \frac{i_0 - r_0}{2(b-a)} \tag{5.14}$$

となり，θ^* の負債株式比率の下で加重平均資本コストは最小になる．もし $\frac{i_0-r_0}{b-a} < 2$ ならば (5.14) 式の θ^* は $0 < \theta^* < 1$ となる．MM 命題において ρ が一定な水平の直線 MM′ が加重平均資本コストであり，我々のモデルでは下に凸な関数 ρ の例を紹介した．このことを図 5.5(b) は説明している．

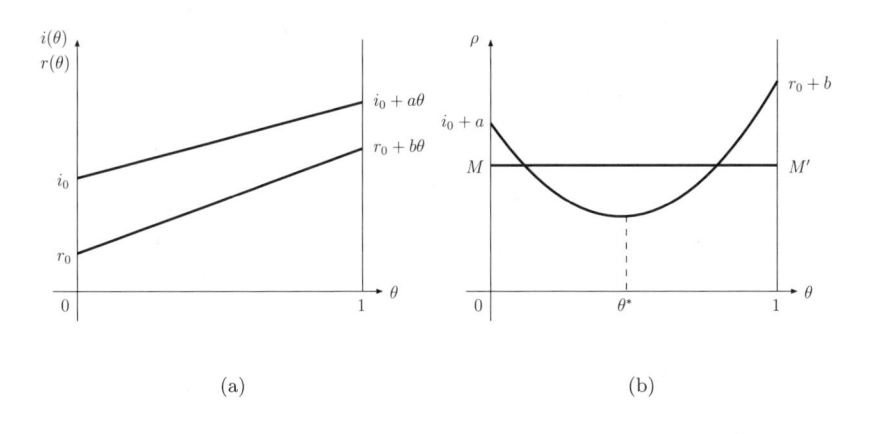

図 5.5 i と r が θ に依存するときの加重平均資本コスト

5.2 負債の満期と長短期のタイミング

前節において負債と株式の資本構成について述べた際，負債の満期はすべて同一と仮定した．負債の資本コストを一定とするためにこの仮定は資本構成の議論を容易にした．多くの企業は満期の異なる債権を保有することで長期短期負

第5章　資本構成と配当政策

債による資本コストを時間に関しても最適化しようとする．経営者は，長期と短期の負債をどのように組合せるのが最適であるか，金利が変動するならば，いつの時点で長期負債を短期負債に移行するかのタイミングを決める2つの意思決定問題を抱えている．まずはじめに利子率は確定的と仮定して，負債の満期の違いを考慮した意思決定の問題から分析する．

利子率が確定的ならば，経営者は支払不履行のリスクを抑えながら長期と短期の負債の最適な組合せとは何かを考える．債権の利子率と満期の関係を**期間構造** (term structure) と呼ぶ．満期が異なれば利子率も異なるから，債権の**利回り** (yeild) も異なる．また満期によって債権の発行費用も異なり利子率も異なる．長期金利は短期金利より大きいことが多いが，それは発行費用が大きいからではなく，金利が固定的である場合が多いためである．しかし，短期金利が一時的に長期金利を上回ることもある．

金利が確定的で支払不履行のリスクがないと仮定する．利子率の構造を理解する上での利回り曲線 (yield curve) の理解からはじめよう．利回り曲線とは，債権の満期とともに利子率がどのように変化するかを示す曲線である．図5.6で描いているように，利回り曲線は，短期金利が長期金利を下回るか上回るかで減少または増加する．経営者は利回り曲線がなぜ変化するのか，変化のパターンはなぜ起こるかに関心をもつ．なぜならば，経営者は資金調達に関する中長期的な費用を最小にしたいと考えるからである．

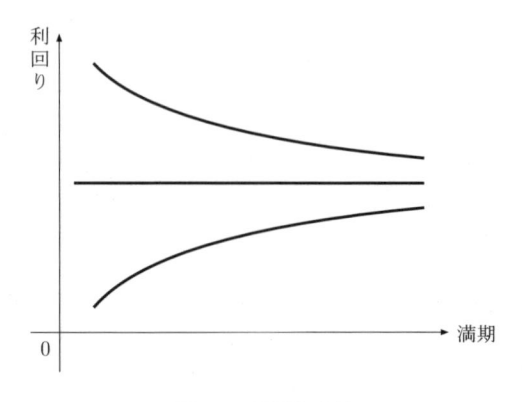

図 5.6　利回り曲線

5.2 負債の満期と長短期のタイミング

$r(t)$ を時刻 t での利子率（スポットレート）とすれば，時刻 t までの平均利子率 $\bar{r}(t)$ を**利回り曲線**と呼ぶ．特に $t = T$（満期）のとき $\bar{r}(T)$ を最終利回りという．2つの利子率 r_1 と r_2 の時間平均として

$$\text{スポットレート } r(t) = \frac{1}{1+t} r_1 + \frac{t}{1+t} r_2$$

が与えられたとき，$r(t) = r_2 + \frac{r_1 - r_2}{1+t}$ と書き換えられるので，利回り曲線 $\bar{r}(t)$ は

$$\bar{r}(r) = \frac{1}{t} \int_0^t \left(r_2 + \frac{r_1 - r_2}{1+s} \right) ds$$

$$= r_2 + \frac{r_1 - r_2}{t} \log(1+t)$$

となる．したがって，利回り曲線の時間 0 での現在価値 $B(t)$ は

$$B(t) = e^{-t\bar{r}(t)}$$
$$= e^{r_2 t} \, e^{-\log(1+t)^{r_1 - r_2}}$$
$$= (1+t)^{r_1 - r_2} \, e^{-r_2 t}$$

となる．また $r(t)$ を図示すれば図 5.7(a)，図 5.7(b) のようになる．

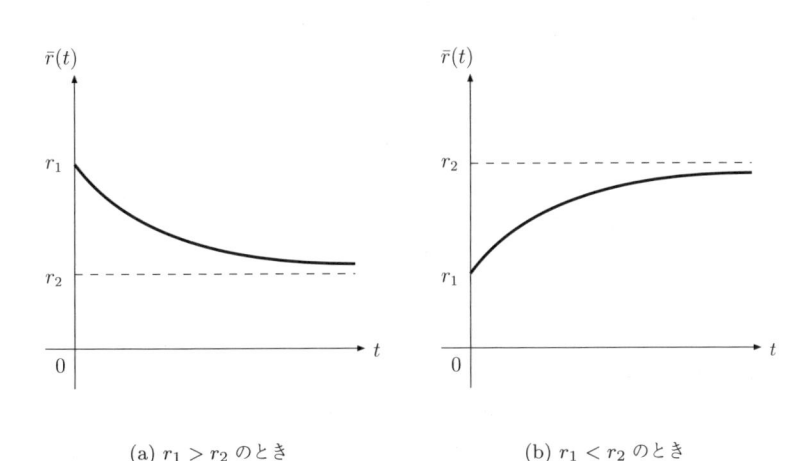

(a) $r_1 > r_2$ のとき   (b) $r_1 < r_2$ のとき

図 5.7　時刻 t での利子率（スポットレート）$r(t)$

このように利子率の期間構造は，将来の利子率がどのように推移するかについて市場がどう予測するか（合理的期待），長期市場と短期市場は相互にどう影響し合うか，しないかなど様々な考え方に依存する．現在の短期金利が安く，将来の利子率が上向きに変動するリスクを予想する企業は長期よりも短期による資金調達を選好する．債務不履行のリスクを回避したい企業は長期負債を選ぶこともある．

　もし金利が変動すると予想されたならば，長期と短期の負債の変換のタイミングの問題が発生する．この金利の変動を上手に利用して資本コストを減じることができる．長期負債によって資金調達しようとするとき，将来の金利が下がると予測されるとき，この借り入れを延期して，金利が下がった時点で借り入れる方が望ましい．このことは資本投資の延期を意味する．もしこの投資が延期できないならば，短期の金利で資金調達して，金利が下がった時点で長期金利による資金調達に変更することができる．逆に，金利が上がると予測されるならば，長期金利の借り入れで金利負担を軽減できる．このように異なる満期をもつ債権を選ぶ問題は長期負債と短期負債の借り入れについて相互変換の時期を選択する問題である．

　図 5.6 の上向きの利回り曲線は，短期金利による資金調達が企業の資本コストを最小にすることを必ずしも意味しない．もし企業が低い利子率をもつ債権の満期と負債発行の時点を一致させることができれば，長期金利による負債の調達費用をより安くすることもできる．たとえば，図 5.8 のように金利率の変動パターンを考えよう．

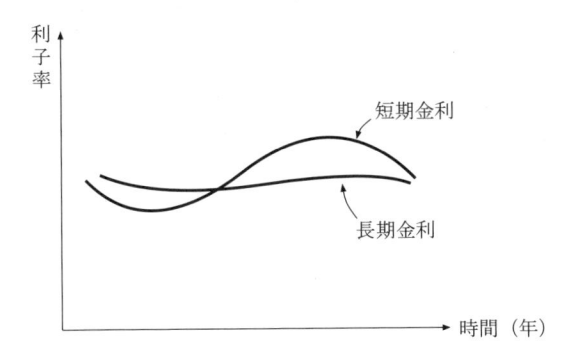

図 5.8 長短金利の変動

短期金利は長期金利よりもより大きく変動している．短期金利は資本市場において資金が不足しているとき長期金利を上回り，資金需要が少ないとき下回る傾向がある．資金需要は景気に依存するので，金利は景気の良いときは上がり，悪いときは下がる．したがって，短期金利が長期金利を上回る時期まで待って，長期金利による資金調達を延期することが望ましいと示唆している．短期負債は，長期金利が下がるまでの一時的な繋ぎとして有効であるが，現実的には金利は実体経済を反映して変動するので，金利の予想は容易なことではない．

5.3 配当政策と内部資金調達

企業の資金調達として負債によるか株式によるかについて 5.1 節で述べた．この資金調達は負債・株式比率を決定することであった．この比率が決定された後，企業は新株によるかまたは内部留保金によるかを決めなければならない．内部留保金は，企業が営業活動から得られたり利益を配当支払や自社株買いなどの後に，企業内に留めおかれた株主持分である．企業の観点からの配当は，企業の外に現金が流出することであり将来の投資資金の減少をもたらすのに対して，内部留保は株主持分として企業内部に留まる．一方，株主の観点から配当は株主にとって直接の現金所得であり，内部留保されれば保有する株式の価格上昇をもたらすので資本利得をもたらす．したがって，配当政策は株主利益にとって無差別である．しかしこの議論は，税金や取引費用が無いこと，企業が無制限に株式資

金を調達できること，将来の配当の割引率が一定であることなどの条件の下でのみ成立する．もしこの条件が無視できるならば，配当政策は投資家にとって配当金を今受け取るか，将来の株価上昇による資本利得を受け取るかの議論に帰結する．この節では，株主の利得を最大にする配当政策について論じる．

配当金の増加は，新株を発行しないならば，将来の投資資金を減少させるので投資決定に影響を及ぼす．一方，新株の発行を行うならば，配当金の増加は新株の発行を容易にするから資金調達の問題になる．換言すれば，配当支払は，投資を減少させるかまたは新株発行を促す．高い配当政策および低い配当政策の下での株価収益率を $(EPS)_H$, $(EPS)_L$ とし株価をそれぞれ P_H, P_L および要求収益率をそれぞれ r_H, r_L としよう．もし新株を発行しないならば，高い配当政策は投資を減少させるので

$$(EPS)_L > (EPS)_H$$

であり，株価収益率の低下は投資家の要求する収益率も低下させるので, $r_L > r_H$ である．株価については，低い株価収益率と低い資本コストによる効果によって相殺されるので P_L と P_H の大小関係は不定である．もし新株発行を伴って高い配当政策が実施されかつ，投資も総売上高も共に同額が維持されるならば，新株発行によって発行株数は増加するので

$$(EPS)_L > (EPS)_H$$

となる．しかし収益の成長率は変わらないので $r_L = r_H$ である．結果としてより小さな $(EPS)_H$ は，株価を低下させる．

配当政策は単なる内部取引ではなく，資金を企業内部から外部の株主に移転させる取引であるので，配当政策の目的は株主価値を最大化することである．株主価値は資本利得としての株価ばかりでなく，今受け取る配当と今支払う税金によって決まる．高い配当政策は株主の今の所得をより多く，将来の所得をより少なくする可能性を株主にもたらす政策である．逆に，低い配当政策は今の所得を少なくする一方で，将来より大きな所得をもたらす可能性を高める．どちらの政策がより望ましいか否かは，現在の配当の価値と将来の配当の相対的な現在価値，および低い配当によって転用された資金による投資が生成する将来の現金流に依存する．一般に，低い配当は将来の企業収益を高め，株価を増加させる．し

たがって，株主に資本利得をもたらす．配当への税率は，資本利得への税率よりも高いので，この節税効果ならびに現在の配当と将来の配当とのトレードオフは配当政策にとって重要な視点である．

資本市場が完全な市場でないならば，配当政策は株価に影響を与える．条件が同一である2つの企業について低い株式配当率の企業の株価は高い株式配当率の企業よりも高くなる．配当が変動すれば株価収益率および株価も変動する．経営者の多くは長期的に安定した配当政策を好むものである．他の条件が同一ならば，安定した配当はより高い株価として市場は評価する．もちろん，理論的には配当政策は，企業の投資・再投資活動による収益性，投資家の要求する収益率，所得と資本利得に課せられる税率，および株式・負債による資金調達コストなどによって変動する．売上高が変動するとき，株価収益率が変動するので株価も変動する．この場合，年間の配当の総額を安定させるために株式配当率を変動させることが多い．配当は長期的に増加することが望ましいと多くの経営者は考えている．

収益が変動し不安定のとき，安定した配当政策をどのようにして維持すればよいであろうか．t期の配当をD_t，収益をE_tとし，目標配当率をgとすれば，1つの方法は，t期の時点での配当の変化量$(D_t - D_{t-1})$を，すでに実現した配当D_{t-1}と目標配当額gE_tとを次のように関係づける方法である．

$$D_t - D_{t-1} = a + b(gE_t - D_{t-1}) \tag{5.15}$$

ここで，aとbはある正の実数である．配当の変動量は実現した配当D_{t-1}と目標配当率gE_tとの差の関数として表現される．$a > 0$は配当の減少は企業にとって望ましくないことを意味し，$b > 0$の比率は配当の調整は前期の配当との差であって，今期ではないことを表している．(5.15)式は安定した配当政策を説明するモデルとなっている．

5.4 配当政策と企業価値

この節では配当政策が企業価値に影響を与えるか否かについていくつかの考え方を紹介する．企業価値Vは株価Sと負債Dの和であると定義した．すなわち，$V = S + D$である．完全で効率的な市場の下ではMM命題によってV

は S と D の比率すなわち資本構成から独立であることを前章で説明した．また前節では，税金や取引費用がなく将来の配当の割引率が一定ならば，配当政策は株主の富にとって不変であり，企業価値に影響を与えないことを述べた．この命題の仮定の下では，株主にとって配当を受け取ることと株式による資本利得を得ることとは無差別である．完全で効率的な資本市場の下では，企業にとっても利得を内部留保して将来の投資資金とすることと新株を発行して資金を調達することとは無差別であるということになる．

しかし，現実には配当に対する所得税率と資本利得に対する税率は異なり，投資家にとって両者が無差別ということはない．また割引率としての利子率も時間に関して一定ではないので，今日の確定的な配当と将来の不安定な資本利得の現在価値とが無差別であるとは限らない．企業にとっても今日の現金配当の支出と内部留保による投資支出や新株発行に伴う資本コストはそれぞれ同一ではない．このように資本市場の不完全性と情報の非対称性からくる非効率性により，配当政策が企業価値に影響を与える可能性を排除できない．すなわち，配当政策の有用性や最適性を分析する余地がある．

いま，投資計画は所与として期首 0 において配当 D_0，負債支払額 B_0 とし，期末 1 において配当 D_1，負債支払額 B_1 とすれば，期首 0 での配当込みの企業価値 V_0 は

$$V_0 = \alpha D_0 - B_0 + \frac{1}{1+\beta r}(\alpha D_1 - B_1) \tag{5.16}$$

である．ここで，$\alpha = (1-\theta_D)/(1-\theta_G)$, $\beta = (1-\theta_R)/(1-\theta_G)$ で，r は無リスク利子率，θ_D は配当税率，θ_G は資本利得税率，θ_R は利子税率である．現行の税制の下では，$0 < \alpha < 1$, $0 < \beta < 1$ が成立している．いま，期首 0 で配当と負債をそれぞれ 1 単位増せば，期首 0 での配当は $\Delta D_0 = 1$ 単位増加し，期末 1 では負債返済額の増加によって，配当は $\Delta_1 = -(1+(1-\theta_1))r$ だけ減少する．ここで θ_1 は期末の法人税率である．したがって，(5.16) 式による企業価値 V_0 の変化 ΔV_0 は，期首 0 の負債の増分は期末 1 で相殺されるので $\Delta B_0 = -\frac{1}{1+\beta r}\Delta B_1$

となって

$$\Delta V_0 = \alpha \Delta D_1 - \Delta B_0 + \frac{1}{1+\beta r}(\alpha \Delta D_1 - \Delta B_1)$$
$$= \alpha \left(1 - \frac{1+(1-\theta_1)r}{1+\beta r}\right) \quad (5.17)$$

となる．条件

$$\beta \equiv \frac{1-\theta_R}{1-\theta_G} > 1 - \theta_1 \quad (5.18)$$

の下で $\Delta V_0 > 0$ となる．内部留保よりも負債を増すことは企業価値を高める．内部留保から配当への配当政策の転換と法人税が損金算入できる税制のメリットにより企業価値を増加させる．配当支払と新株発行が同時に行われる場合は，配当支払と新株発行によって企業価値は減少するが，一方で負債による節税効果はそれぞれ異なる効果をもつので，この両側の効果を分析する必要がある．現行法人税率 $\theta_1 = 0.40$ として資本利得税率 $\theta_G = 0$，利子税率 $\theta_R = 0.2$ と仮定すれば

$$(5.18)\text{式の左辺：} \beta = \frac{1-\theta_R}{1-\theta_G} = \frac{1-0.2}{1-0} = 0.8$$

となり

$$(5.18)\text{式の右辺：} (1-\theta_1) = 1 - 0.4 = 0.6$$

となり $\beta > 1 - \theta_1$ となる．したがって，(5.18) 式の条件は満たされる．もしこの企業がプラスの経営利益を確保するならば，$\Delta V_0 > 0$ となる．もし期末の利益が確保できない（赤字）ならば，$\theta_1 = 0$ となって (5.18) 式は成立しない．

このように配当政策と資本構成の決定は，企業収益を取巻く制度的特徴および時間的ギャップによってより複雑になる．企業価値は実物投資によって生成される将来の現金流に依存する．負債の金利支払いの損金算入と赤字法人への非課税という制度の下での法人税システムは，企業に対して借り入れ（負債）の財務政策を選択させ，利益の分配を早めようというインセンティブを与える．節税を意図した企業の財務選択はこのように株価収益率に影響する．配当政策や資本構成を議論するとき，MM 理論に代表されるファイナンス理論では，この実

物投資に関する計画は所与として固定的に扱っている．企業の実物投資によるキャッシュ・フローを既知とすれば企業価値は何らかの割引現在価値による手法によって定義できる．このようにして定義された企業価値は，実物投資と分離されて完全で効率的な資本市場においては，配当政策や資本構成からは独立であると主張しているのである．

演習問題

問題 5.1 長期的観点からなぜ企業は株価最大化よりも企業価値最大化を目的とすべきであるのか．短期的にはなぜ企業はこれ以外の目的を追求する可能性があり，その目的とは何か．

問題 5.2 新会社を設立するために資金 1 億円を投資家から調達する必要がある．調達方法としては全額を株式 10 万株を発行する案 A と 6000 万円を株式で残り 4000 万円をクーポン金利 8% の社債で調達する案 B とがある．新会社は年間収益は 3800 万円と予想している．税率を 40% と仮定して，営業利益と EPS（1 株当り利益）との関係を求め，これを図示せよ．もし案 A と案 B の資本コストがそれぞれ 12%，13% ならばどの案が株価を高めるか．もし案 A の資本コストが 12% であるのに対して案 B の資本コストが 16% ならば，どちらの案が株価を高めるか．

問題 5.3 企業 A は年間 1000 万円の営業収益を稼ぎ出していると仮定しよう．税率は 50% とし，負債額 $L = 0, 2000, 3000, 4000$（単位万円）に対するそれぞれの借入金利 r と株主の資本コスト i は次の表の通りである．最適な負債額はいくらか．

表

L	r	i
0	0.07	0.095
2,000	0.075	0.100
3,000	0.08	0.110
4,000	0.095	0.135

問題 **5.4** 次の問 (1), (2) に答えよ.

(1) 問題 5.3 の結果を用いて負債額の各レベルに対して平均資本コスト ρ を計算せよ. また負債額の変化に応じて ρ はどう変化するか.

(2) 税率がゼロに対して問題 5.3 において同様の計算をし, 平均資本コスト ρ を求めよ. このとき MM 命題は成立するか. もし成立しないならばなぜか.

問題 **5.5** 現在の年利は 9% で今後 1 年ごとに 1% ずつ低下していると予想している. このとき 2 年満期の債権の利回りはいくらか.

問題 **5.6** ある企業の資本化は次の通りである.

発行株数（額面 500 円）200,000 株	100,000 千円
資本剰余金	50,000 千円
利益剰余金	50,000 千円

株主に 100% 配当した後の上記の資本化はどうなるか. もし配当を 2 株に対して 1 単位として配当すればどうなるか.

第6章

長期と短期の資本調達

企業は，株式と負債の全体的な比率を最適化する必要があると同時に，資本の源泉として長期と中・短期の満期の最適な組合せについても考えなければならない．株式は満期が無いという意味で長期資本であり，10年以上の満期をもつ債券は長期資本である．満期が1年以上で10年未満の債券は中期資本，1年未満の満期をもつ債券・ローンやリースは短期資本である．この章では，企業が株式または債券を発行することによる外部からの資金調達について述べる．

6.1 企業の資金調達

企業は，工場・設備や技術・商品開発のために資金を投資し，これらの果実が企業に収益をもたらす．企業活動によって生成された入ってくる資金と必要とする出ていく資金量とは時間的にギャップが生じるのは常である．資金流出が資金流入を上回るマイナスのギャップは，資金的欠損を引き起こす原因である．この欠損を埋めるために，企業は株式を発行するか負債という借り入れによって資金調達する必要がある．このギャップがプラスのときは資金的余裕があることになり，余裕資金を配当として支払うべきか，または事業に再投資すべきかの意思決定に直面する．あるいは，新株の発行よりも負債による資金調達ならば，どの程度の負債比率を維持すべきであろうか．前者の問題は配当政策の問題として前章で述べた．ここでは後者の問題について論じる．

第1章1.5節で述べたように資本市場は商品市場と同様に資金の需要と供給

が出合う場所である．企業は資金を調達するために株式や債券等の有価証券を発行する．新しい有価証券は発行市場で発行され，既存の有価証券は取引市場で売買される．資金の流れを理解することは，資本市場の理解を深めるためばかりでなく，企業が資金をどのように調達し，有効に活用しているかを理解するためでもある．企業が株式や債券等の有価証券を発行するに当り，いくつかの問題に応えなければならない．これらの発行をスポット市場を通して不特定多数の投資家に対して行うべきか，または店頭取引や相対取引として限られた特定の投資家または企業に対して行うべきか．その場合，発行費用や政策判断の観点からそれぞれの長所・短所は何か．どのような内部費用や法的規制を計算に入れるべきか．企業は発行コストを最小化し，将来の企業価値を高めるために有価証券（株式と債券）を発行するのであり，この目的にとって最も望ましい投資家（買い手）は誰で，その役割と借入期間（満期）はどの程度であるべきかを決定する必要がある．どの手段によって資金を調達するかにより調達コストは異なり，借り手（発行人としての売り手・企業）と買い手（投資家）の間の仲介人は，証券会社，銀行，投資銀行である．相対取引のときは発行人は投資家と直接に取引する．スポット市場を通しての取引は基本的に仲介者（証券会社と投資銀行）を通して行われる．

　配当支出は市場に対する"良いニュース"であり，新株発行は"悪いニュース"であるという情報効果があるといわれている．特に，スポット市場において不特定多数の投資家から外部資金を調達する場合，経営者は市場の規律に従い，企業の情報公開に努めなければならない．新株を発行したり，負債による資金調達は，このことによって将来収益やリスクを上回るより良い経営計画が伴わなければならない．一般に，新企業は初期の段階では株式による資金調達を望み，経営が安定してくると債券による資金調達を指向することが多い．また，経営者は，外部資金よりも減価償却の取り崩しや内部留保による資金調達を選好することによって経営的裁量の幅を維持したいという意図をもつ．

　株式よりも負債による資金調達を望むならば，その比率は中・長期的にどのように維持されるべきであろうか．負債比率に係る政策は，産業や企業または国によって異なる．企業にとっても経営環境や商品のライフサイクル，技術革新の頻度を反映して負債比率が変動するのが普通である．一般に，製造業はサービス業

よりも負債比率は高い．負債比率の尺度として，負債/総資産 を年次ごとの推移を見ることによって，その企業の負債比率を眺めることができる．また，負債の中で長期負債の占める割合も

$$\frac{長期負債}{長期負債 + 株主持分} \tag{6.1}$$

を計算し，総長期資金（長期負債＋株主持分）の中で長期負債による負担割合とその時間的推移を調べることによって，その企業の資金力を知ることができる．

6.2 株式による資金調達

　今日の企業は，株式と負債による資金調達の他に，優先株，転換社債に加えてデリバティブやオプションなど新しい金融商品による調達手段をとることができる．新しい金融商品の多くは新たな資金を生み出すというよりも企業の金融リスクを移転する手段として使われることが多い．オプション等の新しい金融商品とその役割の説明については第7章で論じる．この節では株式による資金調達について述べる．

　株主は企業のリスク資金提供者であると同時に企業の所有者である．株主総会における経営の最終的な意思決定者である．経営者はこのような主権者（プリンシパル）としての株主の代理人（エージェント）である．具体的には，株主は商法上の最終意思決定機関である株主総会の投票権者である．取締役の選任，利益配分，合併・買収など重要な案件はすべてこの株主総会での議決を必要とする．株主は持分比率に応じて議決権を行使し，その責任も出資額を上限とする有限責任に留まる．株式を発行することは，このような権利と責任をもつ株主を受け入れることを意味する．企業はなぜ株式を発行するのであろうか．企業が新株を発行するとき，企業価値が一定ならば希薄化効果によって1株当りの株価は下落するので，既存株主の利益と新株主のそれとが一致するとは限らない．したがって，既存株主の権利を損なわないような条件が新株発行に際し設けられたりする．新株発行によって得られた資金が経営計画を実行する投資プロジェクトに投資され，この再投資が将来より大きな収益を企業にもたらすならば，企業価値は増加し，配当または株価の上昇という形で既存株主の利益も増加する．またある条件の下では，株式発行よりも負債による資金調達が望ましいことを第5

第6章 長期と短期の資本調達

章で述べた．節税効果により，株式よりも負債による資金調達が企業価値を高める．また一方で内部留保による資金調達を経営者はしばしば選好する．しかし，企業はこれら内部資金よりも株式発行という外部資金調達手段を採用することが多い．その理由として次のような誘因が考えられる．

(1) 施設等を常に維持・更新しなければならない企業は，内部留保をある水準以上に保つ必要があり，このため株式を発行する．急激に成長する企業はこの範疇に入る．
(2) 株式をスポット市場を通して発行することは，発行企業の社会的認知にプラスである．発行株式の株価は市場で評価されたものであり，市場規律を満たして情報開示している企業としてのイメージ効果が大きい．
(3) 多くの企業は役員や従業員にストック・オプションを与えている．ストック・オプションによって企業は直接の現金支給を回避できる．このとき，所得税よりもストック・オプションによる資本利得（一時所得）への税率は低いので，経営者は自らの利得と一致する場合が多い．
(4) 業績好調な企業は，すべての経費を支払った後，より大きな余剰金を期待できる．この余剰金を配当支払いをするか内部留保するかについて経営者の経営的裁量が大きくなる．もし，この余剰金がなければ，株主に配当する必要はない．

企業に資本参加した投資家はリスクの分担，収益の配分および企業統治の当事者となる．債権者は収益と資産に対するクレーマーであっても企業統治に係る者ではない．この意味で株主は企業経営の最終権者である．この権利は株主総会での投票という形で実行される．現実には取締役会での投票で実質的に決定される事柄が多いので，次に取締役選任についての投票による決定手法について述べる．

1株は1票をもつとして，投票権数（株数）を取締役候補者に配分して投票できる累積投票法について述べる．あるグループはこの累積投票法の下で候補者の中から d 人の取締役を選任できれば，取締役会を制することができる．D を選任すべき全取締役の数，S を投票総数，s をこのグループがもつ投票数とする．DS は総投票数であり，Ds と $D(S-s)$ は，それぞれこのグループ d と反対す

るグループの投票数である．反対派が $(D-d+1)$ 人の取締役の選任に成功すれば，このグループは d 人の取締役の選任に負ける．したがって

$$\frac{Ds}{d} > \frac{D(S-s)}{D-d+1} \tag{6.2}$$

のとき，このグループは d 人の取締役を選ぶことができる．(6.2) 式を等号として s について解くと

$$s = \frac{dS}{D+1}$$

となるので，このグループが d 人の取締役の選任に成功するのに必要な投票数 s は，少なくとも

$$s > \frac{dS}{D+1} + 1 \tag{6.3}$$

を満たさなければならない．(6.3) 式を等号として d について解けば

$$d = \frac{(D+1)(s-1)}{S}$$

を得る．上式を満たす d 人の取締役を選任することができたならば，取締役会において議決に必要な株数を制することができる．

　株式の発行は取締会の決議ばかりでなく株主総会での承認を必要とする．株式の売却は，既存株主の権利として現行株主に売却する方法と不特定多数の投資家に売却する方法とがある．前者を特に株主割当 (rights offerings) と呼ぶ．株主割当では予め決められた価格である一定期間内に新株購入の最初の権利が既存株主に与えられる．このとき新株に対する旧株の比率を新株引受権比率と呼ぶ．購入価格は一般に時価より低いので，この比率は 1 より小さい．したがって，既存株主を保護する観点から株主割当は価値をもつ．もし新株が時価発行されれば，その比率は 1 である．このように株主割当が有利な割当てとなるのは割当価格が市場価格（時価）を下回ったときである．もし時価が割当期間中に割当価格を下回れば，株主割当は有利な割当てではない．割当価格が市場価格を下回ったときその差額を応募割引額と呼ぶ．M を時価，B を応募割当価格，R を割当比率とすれば，新株割当権の理論的価値 V は

$$V = \frac{M-B}{R}$$

となる．$M-B$ が応募割引額である．株式の時価が 3000 円で，割当価格が 2500 円で割当比率が 10 ならば，この新株割当権の価値 V は $V=(3000-2500)/10=50$ 円である．

上述のように時価が割当価格を下回れば既存株主は増資の割当に応募したならば損失を受けるので，事前に株主割当権を放棄する選択肢を採るべきであったことになる．もし時価が割当価格を下回るならば，応募価格の減少に対して限界的な損失額は増加することを考えてみよう．

ある企業の応募価格が 1250 円であるとき，5 億円の資金を調達するために 20 万株の株式を発行しなければならないとしよう．現在の株価は 2820 円で株価総額は 33 億 8360 万円である．市場でこの増資によって企業の株価総額は 36 億円で株価は 1 株当り 3003 円である．割当比率は 5 対 1 とする．新株割当権の価格は，企業が評価している価格と市場での評価額はそれぞれ

$$企業の評価額 = \frac{3003-1250}{5} \fallingdotseq 351 \text{万円}$$

$$市場の評価額 = \frac{2820-1250}{5} = 314 \text{万円}$$

であるので，既存株主の増資割当権は 37 万円の損失となる．企業は既存株主の損失を最小にするに十分高い応募価格を設定し，一方で企業にとっての応募費用を最小にするに十分低い応募価格を設定しなければならない．最適な応募価格はこれらの費用の総和を最小にする価格である．

6.3 負債による長期資金の調達

負債による資金調達はその満期の長短によって長期資金と短期資金に分類できる．企業の資金調達の目的は全体的な資金調達費用を最小にするように満期の異なる負債の最適な組合せを選択することである．企業の発行する負債としての社債は，一般に長期資金の借入手段である．社債には借り入れの額面と借入期間である満期および定期的に支払うべき金利支払いであるクーポンが記載されている．社債は発行人である企業の義務と購入者（投資家）の権利を記載した契約書であるから，もし企業がクーポン支払いまたは満期での額面支払いの義務を履行できないときは，その企業の破綻を意味する．したがって，負債である社

債の発行は企業の支払不履行のリスクを高める．株主と違って社債購入者は信用供与者であって株主総会での投票権をもたない．社債購入者はクーポン支払いを受けている限り，経営には直接的な影響力を有しない．購入者である投資家にとっては，発行企業が破綻しない限り，定期的に支払われるクーポンと満期での額面は確定的であるのでローリスク商品である．もし発行企業の破綻リスクが高いならば，その企業はより高いクーポン支払いをしなければ資金調達が困難になる．したがって，将来の現金流入がより多く見込まれる企業（優良企業）はより少ないクーポン支払いで資金調達が可能になる．また企業は社債の発行を容易にするために固定資産や不動産等を抵当として供与して投資家に社債を発行するなど，今日では様々な抵当権付社債が発行されている．

つぎに社債の発行価格 P と発行費用 C の関係を述べよう．将来の金利支払いと額面の現在価値が社債の価格と等しくなる割引率を**有効利子率** (efficient rate of interest) と呼ぶ．N を満期，F を額面，r をクーポン率，τ を税率とすれば，クーポン支払い rF となり，C/N は年当り発行費用，$(F-P)/N$ は年当り社債割引額となる．τ を限界税率とすれば，金利支払いの年間税効果 T は

$$T = \left(rF + \frac{C}{N} + \frac{F-P}{N}\right)\tau \tag{6.4}$$

となる．r_e を有効利子率とすれば

$$P - C = \frac{rF-T}{1+r_e} + \frac{rF-T}{(1+r_e)^2} + \cdots + \frac{rF-T}{(1+r_e)^N} + \frac{F}{(1+r_e)^N} \tag{6.5}$$

が成立する．(6.5) 式の右辺は r_e の単調減少関数であるから，P と C が与えられれば有効利子率 r_e は計算可能である．(6.5) 式を満足する r_e は社債による調達費用となっている．発行費用 C が与えられたならば，発行価格 P と逆の方向に有効利子率 r_e は変動する．(6.5) 式ではクーポン率 r を一定と仮定した．しかし，クーポン率 r は市場利子率の変動に応じて変動する．この場合，有効利子率 r_e はその期待値を表すとみなすことができれば，(6.5) 式は適用可能である．

6.3.1　社債の償還

新たな社債の発行後にその社債が償還されるならば，その社債は**償還債**と呼ばれる．社債の発行後，社債のクーポン率が市場の金利よりも高いとき企業は，満

期前に発行した社債を償還することが望ましいと考える．新しい社債の発行は旧社債が償還される前に通常販売される．したがって，金利支払いが重複する．償還には，任意償還プレミアム，新社債発行の費用および重複支払金利からなる初期投資が伴う．償還に係る現金流は税引当額によっても影響される．任意償還プレミアムと重複金利支払額は償還したその年度で全額控除され，旧社債の未償却発行費用は発行年度において全額控除されるが，新社債の発行費用とプレミアム（または割引額）は新社債の満期までの全期間で償却されなければならない．もし償還が企業にとって望ましいならば，税引後利益は償還に伴う内部収益率がある一定の障害率（ハードルレート）を上回るに十分な大きさでなければならない．新しい社債を発行することで得られた資金で発行済の社債を償還（買い戻す）することを考えよう．便宜的に旧社債を償還する1期前に新社債を発行すると仮定する．したがって，償還することのプレミアム（メリット）と新社債の発行費用および金利の重複支払いを計算し，旧社債の償還メリットは満期までの期間を考慮して金利支払いの減額と比較する必要がある．次の記号を使用する．

$C_1 = $ 旧社債発行による未償却費用
$C_2 = $ 新社債発行による総費用
$F = $ 旧社債の額面
$g = $ 償還プレミアム（額面に対する比率）
$r_1 = $ 旧社債の利子率
$r_2 = $ 新社債の利子率　　$r_2 < r_1$
$\tau = $ 税率
$N = $ 新社債の満期とし，旧社債の残存満期に等しい

J を社債償還の総費用とすれば

$$J = gF(1-\tau) + C_2 + r_2(1-\tau)F - C_1\tau \tag{6.6}$$

である．右辺の第一項は税引後の償還プレミアム，第三項は税引後重複金利，第四項は未償却発行費用の税効果である．d を償還による利得とすれば

$$d = (r_1 - r_2)(1-\tau)F + \frac{\tau(C_2 - C_1)}{N} \tag{6.7}$$

を得る．右辺の第一項は税引後の金利支払いの節約額であり，第二項は発行費用の変動による税効果である．ここで旧社債は額面と同額のパーで売却されたと仮定した．旧社債の償還による利得 d の現在価値が償還費用 J に丁度等しくなる内部収益率を r^* とすれば

$$J = \frac{d}{(1+r^*)} + \frac{d}{(1+r^*)^2} + \cdots + \frac{d}{(1+r^*)^N} \tag{6.8}$$

が成立する．J と d を所与とすれば，内部収益率 r^* を計算することができる．k を適正な割引率とすれば，$r^* > k$ のとき旧社債の償還は企業にとって望ましいことになる．社債の償還が無リスクならば，割引率 k は新社債の税引後利子率を適用することが多い．もし社債の償還が望ましいとしても，企業はその償還をいつ実行するかの意思決定をしなければならない．将来の市場金利がさらに下がるか上がるかの予想に基づくので，償還を延期するか否かの決定は将来の金利動向に依存する．社債の償還政策を分析するためにつぎに転換社債について考える．

6.3.2 転換社債

転換社債は一定の条件の下で株式に転換可能な権利（転換権）を付与された社債である．それは社債であるので転換前はクーポンを保証され，転換後は株式としての高い収益性を期待させる商品である．このように社債としての安全性（ローリスク）と株式の収益性（ハイリターン）を組合せた二重証券である．投資家にとっては企業業績が安定するまでは社債の安全性を与え，企業業績の好転換後は株式に転換してその収益性を享受できる点に魅力がある．企業にとっては初期の時点では社債権者であって株主ではないので経営への介入を排除し，業績好転後には株主として処遇する権利を投資家に付与する．企業の業績が好転し株価が上昇すれば，転換社債の価格も上昇する．もし株価が下落したならば，投資家は転換権を行使しない限り，社債権者として保護される．このような特性が我が国の企業の成長期において転換社債の発行熱を資金調達手段として高めてきた．

転換社債の価格は主として転換対象たる株式価格，転換価格，転換率，クーポンと無リスク利子率，額面および転換期間によって決まる．**転換価格**とは，株式一株と交換される価格で，普通は固定値である．**転換比率**は，転換社債と株式と

が交換される株数である.ある企業の転換社債の額面が2000万円で転換価格が25万円ならば,転換比率は20000000/250000 = 80(株)である.**転換期間**は転換社債の満期までの間で株式に転換可能な期間のことである.企業はこの転換期間に制約を課したり,企業自身が転換社債を買い戻す権利(**償還権**)を付与して発行することもある.もし転換社債が企業によって償還されたならば,転換社債の保有者(投資家)は株式に転換するかまたは転換価格のいずれかを選択することができる.株価が転換価格より大きいときのみ投資家は株式に転換するので,そのときの株価は転換社債の**転換価値** (coversion value) と呼ばれる.もし株価が転換価格より小さいならば,投資家は転換価格を受け取り,このとき企業は転換社債を償還したという.転換価値が転換価格より大きいならば,投資家は株式に転換する.このように投資家は,償還条項付の転換社債の価値を最大にするように転換政策を選び,発行企業はその価値を最小にするように償還政策を選ぶ.

このような性質をもつ転換社債の価格はどのように決定されるのかを考えよう.企業が転換社債を発行する動機の1つは,株式を将来のより高い株価で発行することが可能であることにある.しかし,将来の株価を予想することは困難であり,転換社債保有者が転換することが有利になる株価水準に達しなければ企業は社債としてのクーポン支払いのリスクを背負うことになる.転換社債の価格はその企業の株価とクーポンに大きく依存する.転換価値は株式に転換されるときの株価である.社債の価値は,普通社債としての転換社債の市場価値である.転換社債の価格はこの社債価値に加えて株式への転換権によるプレミアムとの和である.社債の価値を B,転換プレミアムを m,転換価値すなわち株価を S とすれば,m は S の関数である.破綻リスクが無い限り,転換社債の価格 CV は

$$CV = B + m(S)$$

となる.これを図示すれば,図6.1のように描くことができる.社債の価値はクーポンに依存し,転換社債の価格は転換価格に大きく影響される.転換プレミアムは株価に依存する.図6.1は社債の価値 B,転換価格および転換価値としての株価との間の関係を示している.図の45°直線は株価と同一の値をもつ転換価値を表している.水平の直線は社債の価値 B である.社債の価値 B と転換価

値 C とが交差する点は株価が社債価値と等しくなる転換価値 C^* を表している.転換プレミアムは C^* で最大となっている.もし株価が低くなれば,転換社債は普通社債とほとんど同じ商品となるので転換プレミアムも小さくなる.もし株価が高くなれば転換する圧力が増し転換社債としての魅力も減少するのでプレミアムは小さくなる.

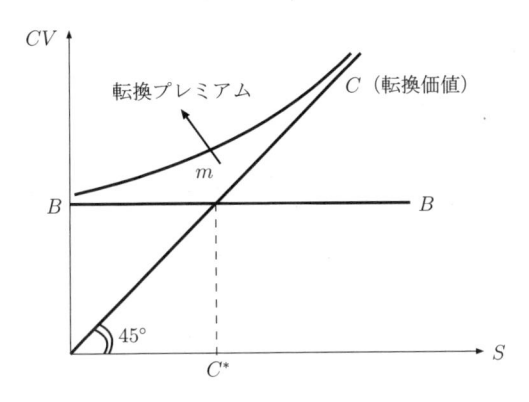

図 6.1 転換社債の価格

転換社債を株式に対するコールオプションとみなして,転換社債の価格に対してブラック＝ショールズのオプション評価理論を展開することも可能である.これについては第 7 章 7.5 節を参照されたい.転換社債から転換権だけを分離した新株予約権は,ワラントと呼ばれ市場で販売されている.

6.4 ターム・ローンとリースによる資金調達

企業の資金調達は資本と負債の資本構成の最適化ばかりでなく資本の源泉についての満期が適正に構成されているかにも注意が払われなければならない.前節では長期資金の調達を説明したのでこの節では中期資金の調達手段であるターム・ローンとリースについて述べる.

6.4.1 ターム・ローン

　ターム・ローンとは満期が 1 年以上 10 年以下のローンのことであり，銀行はこのようなローンの主なる貸し手である．保険会社もこのようなターム・ローンを販売するが，その満期は通常 10 年以上である．多くの企業がターム・ローンを使用する理由として，(1) 永続的な運転資本の確保，(2) 機械設備の購入費の調達，(3)M&A のための資金，(4) 工場拡張の費用，(5) 資産運用の損失補填など様々である．一般に，ターム・ローンの契約はローンの金額，利子率，返済計画，返済条件，約定料，要求保証残金および担保などを記載する．最も重要な条項は債務償還計画である．元本はローン期間中に月，4 半期，年間の単位で返済される．満期までに**全額償還される場合**と，初期の返済を軽減し満期で元本割増支払いする**部分償還の場合**がある．**債務償還計画**は，元本と金利支払いをどのように分割して支払うかを示す計画書である．この計画書に沿って借り手は毎期どれだけ支払い，毎期のローンの残高を知ることができる．

　全額償還の場合：L をローンの金額，r を利子率および n を満期までの年数としよう．全額償還は毎年同額を返済する計画書であるから，A を年間返済額とすれば

$$L = \frac{A}{1+r} + \frac{A}{(1+r)^2} + \cdots + \frac{A}{(1+r)^n} \tag{6.9}$$

となる．これを A について解けば

$$A = \frac{L}{a_{n,r}}$$

となる．ここで $a_{n,r}$ は利子率 r で n 年間借りたときの年間当りの 1 円の現在価値である．すなわち

$$a_{n,r} = \frac{1}{1+r} + \frac{1}{(1+r)^2} + \cdots + \frac{1}{(1+r)^n}$$

である．

　部分償還の場合：ローンの初期の段階では支払義務を免除する返済計画であるので，n を満期としたとき m，$m < n$，を最初の支払年とする．第 m 年から満期までの支払額 A を決定すれば満期 n での追加支払残額 B が明らかになる．A

6.4 ターム・ローンとリースによる資金調達

と B が満足すべき式は

$$L = \frac{A}{(1+r)^m} + \frac{A}{(1+r)^{m+1}} + \cdots + \frac{A}{(1+r)^n} + \frac{B}{(1+r)^n} \qquad (6.10)$$

となる．この (6.10) 式を満足する A を求めると

$$A = \frac{\left[L - \frac{B}{(1+r)^n}\right]}{(a_{n,r} - a_{m-1,r})}$$

となる．もし $L = 4000$ 万円，$n = 5$，$m = 2$，$r = 10\%$ で $B = 2000$ 万円ならば，$A = 957.13$ 万円である．

上述の例では負債による節税効果を考慮していない．また多くの銀行は，信用枠のある一定比率を借り手に対して平均的な預金残高を維持することを要求している．もし借り手が低過ぎる平均預金残高を維持するならば，この借り手は銀行の要求する預金残高を満たすために必要とする資金以上を借り入れることになる．この借り入れの超過部分はその企業（借り手）の有効資本コストを増加させる．

ある企業が機械設備を購入するために Q 円借り入れる必要があるとしよう．この企業は銀行の信用枠 L の $c\%$ を維持するためにより大きな金額 L を借り入れなければならない．企業は平均して M の預金をこの銀行にしていると仮定すれば，この M は要求預金残高 cL より小さい．超過額 $(cL - M)$ は銀行での預金残高を要求水準まで引き上げるために必要なローンとなる．もし Q 円を借り入れる必要があるならば

$$Q = L - (cL - M) \qquad (6.11)$$

となる．これを L について解けば，$L = (Q - M)/(1 - c)$ が必要な信用枠となる．r を利子率（名目の），τ を税率とすれば，税引後の有効利子率 k_e は

$$k_e = \frac{(Q - M)(1 - \tau)}{(1 - c)Q} r \qquad (6.12)$$

となる．もし $\tau > c$ ならば，$k_e < r$ である．(6.11) 式の Q を (6.12) 式に代入すれば

$$k_e = \frac{L(1 - \tau)}{L(1 - c) + M} r \qquad (6.13)$$

を得る.もし銀行の要求残高 cL が M に等しいならば

$$k_e = (1-\tau)r$$

となる.もし $cL > M$ ならば

$$k_e > (1-\tau)r$$

となる.もし $L = 4000$ 万円,$\tau = 50\%$,$M = 400$ 万円,銀行がローン L の10%の預金残高を要求しているならば,4000万円を借り入れるために400万円の預金残高を必要とする.この場合,税引後の有効利子率は,(6.13) 式より $k_e = 5\%$ である.

6.4.2　リース

　リースは技術進歩やモデルチェンジの著しい器機や不動産等にしばしば用いられる資金調達の手段である.今日では船,航空機,自動車,コンピュータ,コピー機,店舗などあらゆる実物資産がリースの対象となっている.貸し手はリース会社ばかりでなく銀行,保険会社や共済基金などが挙げられる.リースとは,対象資産の所有権をもつ貸し手がリース期間中に借り手に資産を貸し,借り手がリース料金を支払うことを約束した契約である.すなわち,その資産の所有と利用を分離して,借り手(企業)はその資産の活用からの利益を獲得し,その資産の購入費用を回避する代わりにリース料を支払う仕組みである.

　一般にリース期間は長く,途中の解約は認められない.これに対してレンタルは契約期間は短く,途中解約が可能である.貸し手は,このリース対象資産を購入するに要する投資資金と要求収益率を確保するに十分なリース料金を借り手に求める.このリース料金はリース終了後に再びリースすることが可能かまたは売却することが可能であるかなどのリスクを反映した料金である.ある資産をリースすることは,その借り手に毎期のリース料の支払いが生じるので,リースは負債と似ている.リースによる資産の利用は,借り入れによる同一資産の購入よりも望ましいか否かが比較検討されなければならない.すなわち,負債による資金調達かリースかの選択に係る意思決定問題である.この決定に際し企業がリースを選択する理由として,(1)中小の企業にとってある水準以上の負債による資金調達が困難であったり,望ましくない,(2)財務的に厳しい企業は

6.4 ターム・ローンとリースによる資金調達

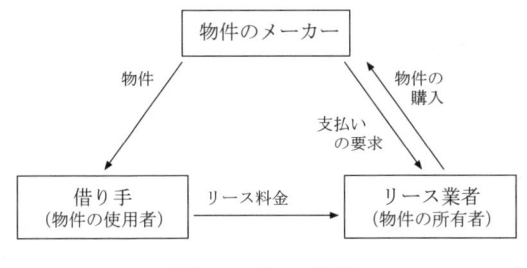

```
           物件のメーカー
         ↙      ↑  ↘
      物件     支払い   物件の
              の要求    購入
       ↓              ↘
    借り手  ──リース料金──→ リース業者
  (物件の使用者)            (物件の所有者)
```

図 6.2 リース取引

資産の購入に際し多額の頭金を要求される，(3) リースの期間は長いと同時にそのリース物件の寿命に等しいことが多い，(4) リースは負債と異なり，リース物件は貸借対照表に表記されない（しかし，貸借対照表の脚注として付記される），(5) 負債の契約条件と比べてリースの契約条件はその制約が弱いので，リース契約は取締役（会）の承認を必要としない場合が多い，(6) リース料金は，リース期間，税率，残存価値に依存するので，リースの有効資本コストは低い，などの理由が考えられる．

リース取引は，借り手がどの物件をリースしたいかをリース業者（貸し手）に伝え，リース業者はその物件のメーカーに借り手にリースするよう伝え，メーカーとリース業者は物件の売買契約を行い，借り手はリース業者にリース料金を支払う．物件の所有権はあくまでもリース業者である．この取引を図 6.2 に示した．

リース契約には，リース料金，支払い計画，リース期間，満期時での（資産）物件の処分，物件に事故等が生じたときの費用負担などを明記する．満期時での資産処分は物件の所有者であるリース業者がどのように処分するかを決めることが多いが，借り手がその物件を市場価格で買取ったり，更新する権利をもつのが普通である．

リース契約では，借り手はリース期間の全期間中にリース料金の支払いをしなければならない．借り手はこのリース契約の資本コストを計算して，負債による物件の購入といずれが有効かを比較する必要がある．リース料金を L とし，物件（資産）の購入代金を X，借り手の資本コストが $k\%$ とすれば，満期のリー

ス料金の割引現在価値は購入代金 X に等しいので

$$X = L + \frac{L}{1+k} + \cdots + \frac{L}{(1+k)^n} \tag{6.14}$$

が成立する．$X = 1000$ 万円，$k = 8\%$，$n = 7$ ならば，毎期のリース料金 $L = 161.12$ 万円である．ただし，資本コスト 8% は税率を無視した名目資本コストである．負債による資金調達によってこの物件を購入する投資決定とリースを比較するためには税の効果を考慮し，さらに満期時での物件の処分価値を知る必要がある．借り手は物件のリース料金は税控除を受けることができる．リース業者は物件の減価償却をすることができるし，満期での物件の処分価値を享受できる．もし借り手がリースの代わりに物件を借り入れによって購入すれば，借り入れによる金利支払いは税控除を受けることができ，その物件の減価償却も可能であり，処分価値も享受できる．リースと借り入れが同一の資金調達を必要とし，借入金利がリースの名目の資本コストよりも高いならば，税等の他の条件が同じならば，借り入れによる物件購入がリースよりも有利になる可能性が高い．借り入れとリースのいずれかを選択する問題は，利子率と減価償却，処分価値に適用する割引率および税効果の全体を計算する意思決定の問題である．

6.5 短期の資金調達

この節では満期が 1 年未満の短期の負債による資金調達を考える．リースやローンは満期が 1 年以上の負債であるが，ここでは運転資本の資金調達を中心に述べる．

多くの企業間の取引は**企業間信用** (trade credit) に基づく．たとえば，企業 A がある商品を企業 B に販売したとき，売り手 A は買い手 B に直ちに現金支払いを要求しない．請求額をある一定の期日までに支払えば割引したりする．支払い期限後は請求額を満額支払う場合，買い手 B はこの企業間信用に基づく割引価格を支払うためにより安い短期借り入れを行うべきであろうか．企業間信用による取引はコストが掛るので，企業の資本コストを比較する必要がある．また格付の高い借り手企業は**貸出予約枠** (line of credit) が利用できる場合が多い．未払いの負債がある一定限度を超えない限り，銀行から繰り返し借り入れることのできるとき，銀行はこの企業に対してある一定の信用枠としての貸出予約枠を

設ける．この場合，銀行は監査や抵当の必要性を最小限度に留め置く．この貸出予約枠が利用できない企業でも取引ローンが付与されることが多い．

多くの銀行は取引企業に対して資金余剰額の一定割合（たとえば10％）を上限とした貸出予約枠を設定している．この上限値は，取引企業の支払能力，運転資金の回転率，支払計画などの経営能力を総合的に判断して設定されている．銀行が格付の高い優良企業に対して貸付ける利子率は，**優遇貸出金利** (prime rate) と呼ばれ，低い格付企業への貸付金利は，優良貸出金利にリスクプレミアムが追加される．一方，銀行は企業に対して年間の平均預金残高が**補償預金残高** (compensating balance) を満たすよう要求する．この場合，企業は預金残高を補償預金残高の水準まで引下げることができる．貸出予約枠や補償預金残高は短期資金調達の手段であるから，年ごとに更新されるが，銀行は格付の低い企業に対して期間中に貸出額をゼロにするなど**制約条項** (restrictive covenant) を課している．信用格付が低い企業は売掛金を担保にして短期資金を借り入れることができない．このような場合の企業は売掛金を割引いた額までしか借り入れることができない．このような売掛金による資金調達は，借り入れた金額に金利を支払い，補償預金残高を必要としたいためその金利は高い．銀行は貸付の担保として流動性のより高い金融資産を望むが，在庫や機械設備を担保にして短期資金を企業に貸し付けることもある．特に，生産工程で多大の在庫を抱える季節商品メーカーは生産と販売の時期が異なるので，在庫や売掛金を担保にして短期資金を調達する．

一般に，長期資金の金利は低く短期資金の金利は高い．短期資金の予算計画が策定されたならば，企業経営者は毎期の資金需要を満たしつつ短期資金の借入金額の調達費用を最小にする資金計画を立案する．この意思決定問題を解くためにＯＲの線形計画法が有用である．たとえば，次のような1年間 ($t = 1, 2, \cdots, 12$) の資金調達計画を考える．単位は百万円とする．

x_{1t} ＝ 貸付予約枠の下での第 t 月の借入額
x_{2t} ＝ 売掛金を担保とする第 t 月の借入額
x_{3t} ＝ 在庫を担保とする第 t 月の借入額
i_1 ＝ 貸付予約枠の下での利子率
i_2 ＝ 売掛金を担保とする借入利子率

$i_3 =$ 在庫を担保とする借入利子率

短期借入金 $x_t = (x_{1t}, x_{2t}, x_{3t})$ の下での総金利負担は

$$T(x) = \sum_{t=1}^{12} i_1 x_{1t} + i_2 x_{2t} + i_3 x_{3t} \tag{6.15}$$

となる．x_{1t} の上限は 100 百万円，x_{2t} の上限は 50 百万円，x_{3t} の上限は 180 百万円とし，第 t 月の現金残金を I_t，現金流入を C_t，現金支出を d_t として 1 年間 ($t = 1, 2, \cdots, 12$) の資金需給の制約条件は，

$$I_t = I_{t-1} + C_t + x_1 + x_2 + x_3 - d_t, \quad t = 1, 2, \cdots, 12 \tag{6.16}$$

の下で $x_{1t} \leq 100$，$x_{2t} \leq 50$，$x_{3t} \leq 180$，$I_t \geq 0$，$t = 1, 2, \cdots, 12$ となる．$I_0 = 40$ 百万円と C_t と d_t を所与としたとき，制約条件 (6.16) 式の下で (6.15) 式を最小にする最適な資金計画 $x^* = (x_{1t}^*, x_{2t}^*, x_{3t}^*; t = 1, 2, \cdots, 12)$ を求めればよい．

演習問題

問題 6.1 ある企業の発行済株数は 100 万株である．このうち 37% は現経営陣の管理下にあり，23% は現経営陣の反対派が所有している．残り 40% は中立派である．9 人の取締役会メンバーの内，3 人が再任予定である．反対派は 1 千万円，2 千万円，3 千万円，4 千万円を中立派に対して勧誘し提示することによって 10%，20%，30%，50% をそれぞれ味方にすることができると考えている．3 人の内 2 人を反対派の取締役とするためには勧誘コストとしていくら支払えばよいか．

問題 6.2 ある企業は次の表のように 100 万株を株主割当として発行したい．

表

	応募価格	手数料		企業の受取金	
		最小	最大	最大	最小
1 株当り	3,675	25	85	3,650	3,590

株主割当に応募した株式には最小の手数料が適用され，投資家によって応募された株式には最大の手数料が適用される．また既存株主は株主割当の 2/3 が応募割当されるならば，投資家銀行の引受手数料はどれだけか．企業の純受取金はどれ程になるか．

問題 6.3 ある企業は，既存株主に対して保有株 5 株に対して 1 株の割合で新株に応募する権利を与えている．応募価格は 1 株につき 3200 円で，市場価格は 3600 円，80 万株が発行済ならば，この企業はいくらの資金調達をすることになるか．この引受権の理論値はいくらか．市場価格は正しいと仮定して，もし既存株主が引受権の 75% を実行し，残り 25% を売却したならば，株主の富はどれ程変化するか．

問題 6.4 ある企業は年利 9%，満期 25 年での 1000 万円の社債を 100% 額面で販売した．発行費用は額面の 1% である．満期前の償還はないと仮定して，この社債の有効利子率はどれ程か．ただし，税率は 50% とする．

問題 6.5 ある年度の貸借対照表における負債と株主持分勘定は次の通りである（単位千円）．

金利負担のない負債	50,000 千円
金利 6.5% の社債	200,000 千円
金利 7% の優先株	40,000 千円
普通株	10,000 千円
内部留保金	150,000 千円
	450,000 千円

もし転換社債が発行されたならば，この勘定にどんな影響を与えるか．

問題 6.6 4000 万円を金利 10% で 5 年満期で借り入れたならば，毎年の支払額 A はいくらになるか．

問題 6.7 ある企業は 1 億円の資金を必要としているので銀行から年利 9% で借り入れることを検討している．しかし，銀行は信用枠の 20% の預金残高を要求

している.この企業の通常の預金残高は800万円である.銀行の信用枠の要求を満たすために,この企業はいくら借りればよいか.そのときの有効利子率はいくらか.ただし,税率は50%とする.

第7章

オプションと新金融商品

近年,様々な新しい金融商品が開発され,資本市場におけるリスク管理に利用されている.2008年のリーマンショックに端を発する金融危機ではこれらの新金融商品のいくつかが市場混乱の元凶として強い批判を浴びたが,新金融商品は本来的には資本市場の効率化とリスク分散の手段である.

本章ではデリバティブ(金融派生商品)について説明し,二項モデルによるオプションの価格付けを行う.また新しい金融商品である仕組債,天候デリバティブについて解説する.さらにリアルオプション,転換社債について概観する.最後に2008年の金融危機と金融工学との関係について述べ,信用デリバティブスワップ(CDS)について紹介する.

7.1 オプション,デリバティブおよび仕組商品

7.1.1 デリバティブ

デリバティブとは原資産価格(株式など)に依存して価格が決まる金融派生商品のことであり,代表的なものに先物,オプション,スワップがある.デリバティブの起源は古代ギリシャ時代であるとも伝えられている.古代ギリシャの哲学者ターレスはオリーブは天候により収穫量が大きく変わること,収穫後はすぐにオリーブをしぼる必要があること,豊作の年はしぼり機の奪い合いになるこ

第7章 オプションと新金融商品

とを予測して「しぼり機を借りる権利だけを買う」ことを考えついた．権利だけを買うので，機械を借りるよりは安いことに気づいたのである．

先物取引の原型は江戸時代の堂島米会所であるといわれている．米はオリーブと同様に農産物であるので，収穫量や品質が天候の影響を受けやすい．そのため事前に米の取引価格を決めておき，天候不順などによるリスクをヘッジしたものと考えられる．

先渡契約は，あらかじめ決められた価格で，あらかじめ決められた期日に原資産を購入または売却する契約である．先渡しは通常，相対取引により行われる．原資産を購入する契約を結ぶことを**ロングポジション**をとる，売却する契約を結ぶことを**ショートポジション**をとるという．また，先渡しは義務のため必ず契約を履行しなければならない．

例 7.1 1年後に1000円でコーヒー豆を購入する先渡契約を結んだとする．1年後にコーヒー豆の価格が1500円ならば先渡取引により購入した後，すぐに市場で売却して $1500 - 1000 = 500$ 円の利益を得る．これに対して，1年後の価格が800円ならば $800 - 1000 = -200$ となり，200円の損失となる．

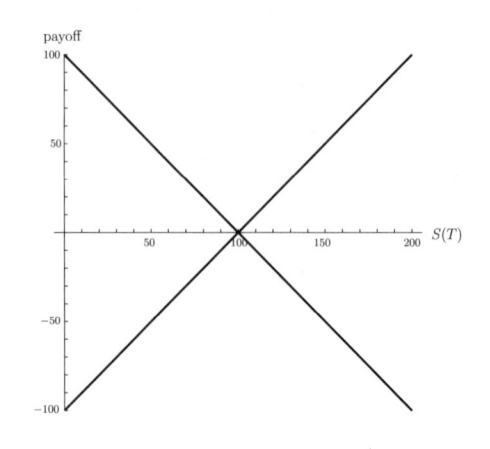

図 7.1 先渡しのペイオフ ($K = 100$)

先物取引は取引場で取引され，値洗いがある点が先渡取引と大きく異なる．ま

た，先物取引を行うには証拠金を預け入れることが必要となる．先物市場は世界の主要な国々に存在し，為替，とうもろこし，小豆，原油などが取引されている．

7.1.2 オプションと二項モデル

オプションとはあらかじめ決められた価格で，あらかじめ決められた期日に原資産を購入または売却する権利のことである．買う権利のことを**コールオプション**，売る権利のことを**プットオプション**という．重要なのは，オプションは権利であり，義務ではないということである．さらに権利を行使するためにあらかじめ決められた価格を**権利行使価格**，決められた期日を満期と呼ぶ．また，満期でのみ権利行使が可能なオプションを**ヨーロピアンオプション**，満期までの任意の時刻で権利行使が可能なオプションを**アメリカンオプション**という．時刻 t での原資産価格を $S(t)$，権利行使価格を K，満期を T とすると，コールオプションの保有者は権利行使時において $S(t) > K$ の場合，権利を行使する．逆にプットオプションの保有者は $S(t) < K$ の場合，権利を行使する．このことから，コールオプションとプットオプションの満期でのペイオフはそれぞれ $\max\{S(t) - K, 0\}, \max\{K - S(t), 0\}$ と表すことができる．

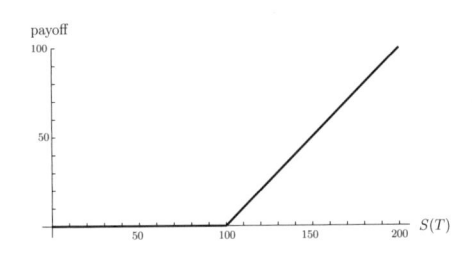

図 7.2 コールオプションの買い手のペイオフ ($K = 100$)

買い手の立場からヨーロピアンコールオプションを考えてみることにする．ある会社の株式を 1 年後に 100 円で買う権利を保有しているとする．1 年後の株価が 100 円より高ければ権利を行使してその差額を手にすることができる．株価が 100 円以下であれば，株式を市場で購入する方がよいので権利は行使しない．ではこの権利を手にするにはいくら支払えばよいのであろうか．このときの支払額がオプション価格なのである．たとえばオプション価格を 20 円，1 年

第 7 章 オプションと新金融商品

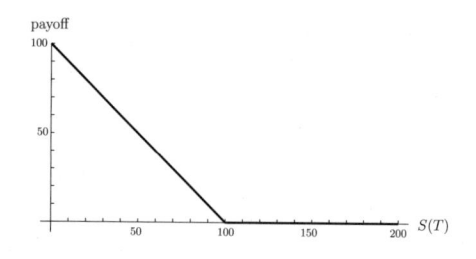

図 7.3 プットオプションの買い手のペイオフ ($K = 100$)

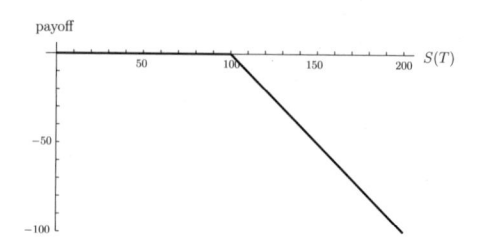

図 7.4 コールオプションの売り手のペイオフ ($K = 100$)

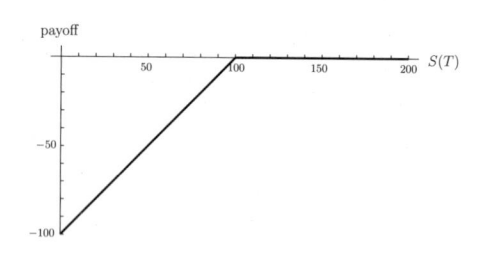

図 7.5 プットオプションの売り手のペイオフ ($K = 100$)

後の株価が 150 円ならば，権利を行使して $150 - 100 - 20 = 30$ 円の利益となる．一方，1 年後の株価が 50 円であれば権利は行使しない．このオプションの保有者の利益は図 7.6 で表される．

オプションの保有者が権利を行使したとき，正のキャッシュ・フローが生じる場合を**イン・ザ・マネー**，負のキャッシュ・フローが生じる場合を**アウト・オブ・**

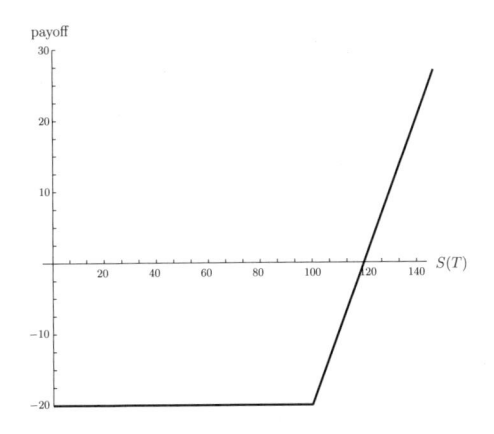

7.1 オプション，デリバティブおよび仕組商品

図 7.6 ヨーロピアンコールオプションの買い手の利益

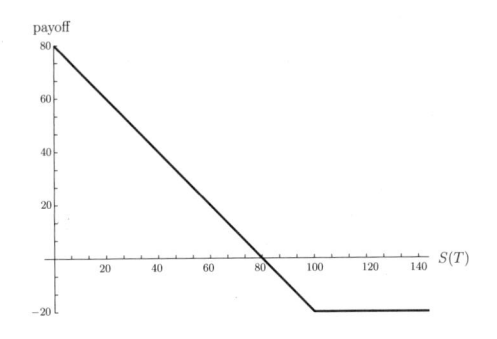

図 7.7 ヨーロピアンプットオプションの買い手の利益

ザ・マネー，ゼロの場合をアット・ザ・マネーと呼ぶ．コールオプションの場合，

- $S(t) > K$ のとき，イン・ザ・マネー
- $S(t) < K$ のとき，アウト・オブ・ザ・マネー
- $S(t) = K$ のとき，アット・ザ・マネー

であり，プットオプションの場合は

第7章 オプションと新金融商品

- $S(t) > K$ のとき，アウト・オブ・ザ・マネー
- $S(t) < K$ のとき，イン・ザ・マネー
- $S(t) = K$ のとき，アット・ザ・マネー

である．

オプションの権利が行使されたときの価値を本源的価値という．コールオプションの場合

$$\max\{S(t) - K, 0\} \tag{7.1}$$

プットオプションの場合

$$\max\{K - S(t), 0\} \tag{7.2}$$

となる．

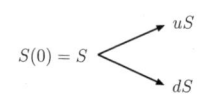

$$S(0) = S \diagup\begin{array}{c} uS \\ dS \end{array}$$

図 7.8 一期間二項モデルによる株価の変動

ここまでオプション価格は与えてきたが，実際にはどのように求めることができるのかを一期間二項モデルを用いて説明する．一期間二項モデルとは現在 $t=0$ と将来 $t=T$ の 2 時点のみで取引が可能であり，時刻 $t=0$ での株価が時刻 $t=T$ においては，上昇あるいは下降の 2 つの値のみをとるモデルである．株価は満期 T において確率 p で uS，確率 $1-p$ で dS になるとする．ただし $S(0) = S, u > d$ である．また，$t=0$ でのヨーロピアンコールオプションの価格を C とする．C_u を株価が上昇して満期で uS となったときの価値，C_d を株価が下降して満期で dS となったときの価値とするとこれらは

$$C_u = \max\{uS - K, 0\}, \quad C_d = \max\{dS - K, 0\} \tag{7.3}$$

と表すことができる．また，条件 $0 < d < 1 + r < u$ が成り立つとする．ここで r は無危険利子率である．

つぎに $t=0$ において安全資産 B 円と θ 株の株式からなるポートフォリオを組むことを考える．無裁定条件から，ポートフォリオの価値とオプションの価値

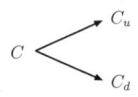

7.1 オプション，デリバティブおよび仕組商品

$$C \begin{array}{c} \nearrow C_u \\ \searrow C_d \end{array}$$

図 7.9 一期間二項モデルによるオプションの価格の変動

は等しいので

$$C_u = (1+r)B + \theta uS, \quad C_d = (1+r)B + \theta dS \tag{7.4}$$

が成り立つ．これを解くと

$$\theta = \frac{C_u - C_d}{(u-d)S}, \quad B = \frac{uC_d - dC_u}{(1+r)(u-d)} \tag{7.5}$$

となる．この場合，ヨーロピアンコールオプションの価格式 C は

$$\begin{aligned} C &= B + S\theta \\ &= \frac{uC_d - dC_u}{(1+r)(u-d)} + S \times \frac{C_u - C_d}{(u-d)S} \\ &= \frac{1}{1+r}\{qC_u + (1-q)C_d\} \end{aligned} \tag{7.6}$$

となる．ここで q は

$$q = \frac{1+r-d}{u-d} \tag{7.7}$$

であり，**リスク中立確率**と呼ばれる．$X_t(t=1,2,\ldots)$ を確率 q で u をとり，確率 $1-q$ で d をとる確率変数とする．このとき (7.6) 式は

$$\frac{1}{1+r}E[\max\{X_1 S - K, 0\}] \tag{7.8}$$

と書くことができる．

例 7.2 時刻 $t=0$ での株価が 100，満期での株価が 200 または 50 になるとする．株価の変動は図 7.10 のようになる．このとき，ヨーロピアンコールオプションの価格 C と複製戦略 (安全資産 B と株式の保有量 θ) を求める．ただし権利行使価格 $K=100$，無危険利子率 $r=1/10$ とする．

第7章　オプションと新金融商品

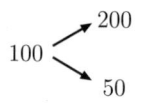

$$100 \nearrow \begin{matrix} 200 \\ \\ 50 \end{matrix}$$

図 7.10　株価の変動

$u = 2, d = 1/2$ であるので，リスク中立確率は

$$q = \frac{1 + \frac{1}{10} - \frac{1}{2}}{2 - \frac{1}{2}} = \frac{2}{5} \tag{7.9}$$

である．したがって

$$\begin{aligned} C &= \frac{1}{1 + 1/10} \left\{ \frac{2}{5} \times \max\{200 - 100, 0\} + \frac{3}{5} \times \max\{50 - 100, 0\} \right\} \\ &= \frac{400}{11} \end{aligned} \tag{7.10}$$

となる．また

$$100 = (1 + r)B + 200\theta$$
$$0 = (1 + r)B + 50\theta$$

より $B = -1000/33$，$\theta = 2/3$ となる．

ヨーロピアンコールオプションの場合と同様に，時刻 $t = 0$ でのヨーロピアンプットオプションの価格を P とすると

$$\begin{aligned} P &= \frac{1}{1 + r} \{qP_u + (1 - q)P_d\} \\ &= \frac{1}{1 + r} E[\max\{K - X_1 S, 0\}] \end{aligned} \tag{7.11}$$

を得る．ここで

$$P_u = \max\{K - uS, 0\}, \quad P_d = \max\{K - dS, 0\} \tag{7.12}$$

である．コールとプットの価格差は，(7.6) 式と (7.11) 式より

$$\begin{aligned} C - P &= \frac{1}{1 + r} \{qC_u + (1 - q)C_d\} - \frac{1}{1 + r} \{qP_u + (1 - q)P_d\} \\ &= S - \frac{K}{1 + r} \end{aligned} \tag{7.13}$$

7.1 オプション，デリバティブおよび仕組商品

が成り立つ．この関係式を**プットコールパリティ**という．

つぎに二期間二項モデルを考える．このモデルの満期は $t = T = 2$ である．時刻 $t = 1$ における株価は一期間モデルの場合と同様に，確率 p で uS，確率 $1-p$ で dS となる．株価は満期 T において確率 p^2 で u^2S，確率 $2p(1-p)$ で udS，確率 $(1-p)^2$ で d^2S になる．株価の変動は図 7.11 のようになる．また，$t = 0$ でのヨーロピアンコールオプションの価格を C とする．

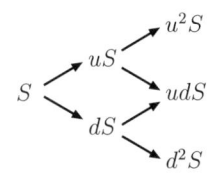

```
          uS       u²S
       ↗    ↘   ↗
     S          udS
       ↘    ↗   ↘
          dS       d²S
```

図 7.11 二期間二項モデルによる株価の変動

C_{uu} を株価が 2 回上昇して満期で u^2S となったときのオプション価値，C_{ud} を株価の上昇下降がそれぞれ 1 回で，満期で udS となったときの価値，C_{dd} を株価が 2 回下降して満期で d^2S となったときのオプション価値とするとこれらは

$$C_{uu} = \max\{u^2S - K, 0\}$$

$$C_{ud} = \max\{udS - K, 0\}$$

$$C_{dd} = \max\{d^2S - K, 0\}$$

と表すことができる．このときのオプション変化は図 7.12 のように表される．

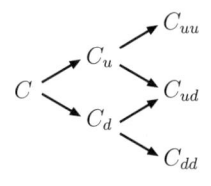

```
          C_u       C_uu
       ↗    ↘   ↗
     C          C_ud
       ↘    ↗   ↘
          C_d       C_dd
```

図 7.12 二期間二項モデルによるオプションの価格の変動

第7章 オプションと新金融商品

$t=1$ のときのオプション価値 C_u および C_d は一期間二項モデルの場合と同様の議論により導出することができる．$t=1$ において株価が uS のとき，安全資産 B_1 円と θ_1 株の株式からなるポートフォリオを組むことを考える．無裁定条件から，ポートフォリオの価値とオプションの価値は等しいので

$$C_{uu} = (1+r)B_1 + \theta_1 u^2 S, \quad C_{ud} = (1+r)B_1 + \theta_1 udS$$

となる．これを解くと

$$\theta_1 = \frac{C_{uu} - C_{ud}}{u(u-d)S}, \quad B = \frac{uC_{ud} - dC_{uu}}{(1+r)(u-d)} \tag{7.14}$$

となる．したがって C_u は

$$\begin{aligned} C_u &= B_1 + \theta_1 uS \\ &= \frac{1}{1+r}\{qC_{uu} + (1-q)C_{ud}\} \end{aligned}$$

となる．株価が dS のときは

$$C_d = \frac{1}{1+r}\{qC_{ud} + (1-q)C_{dd}\}$$

を得ることができる．

以上から二期間二項モデルにおけるヨーロピアンコールオプションの価格 C は

$$\begin{aligned} C &= \frac{1}{1+r}\{qC_u + (1-q)C_d\} \\ &= \frac{1}{(1+r)^2}\{q^2 C_{uu} + 2q(1-q)C_{ud} + (1-q)^2 C_{dd}\} \\ &= \frac{1}{(1+r)^2} E[\max\{X_1 X_2 S - K, 0\}] \end{aligned} \tag{7.15}$$

となる．

ヨーロピアンプットオプションの場合もコールと同様に

$$\begin{aligned} P &= \frac{1}{(1+r)^2}\{q^2 P_{uu} + 2q(1-q)P_{ud} + (1-q)^2 P_{dd}\} \\ &= \frac{1}{(1+r)^2} E[\max\{X_1 X_2 S - K, 0\}] \end{aligned} \tag{7.16}$$

7.1 オプション，デリバティブおよび仕組商品

を導出することができる．ここで

$$P_{uu} = \max\{K - u^2 S, 0\}$$
$$P_{ud} = \max\{K - udS, 0\}$$
$$P_{dd} = \max\{K - d^2 S, 0\}$$

である．(7.15) 式および (7.16) 式より

$$C - P = S - \frac{K}{(1+r)^2}$$

が成り立つ．この関係式は二期間二項モデルにおけるプットコールパリティである．

例 7.3 株価が図 7.13 のような変動をする場合のヨーロピアンコールオプションおよびヨーロピアンプットオプションの価格と複製戦略を求める．ただし権利行使価格 $K = 100$, 無危険利子率 $r = 1/10$ とする．

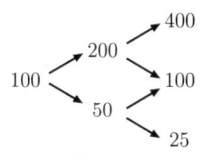

図 7.13 株価の変動

$u = 2$, $d = 1/2$ であるので，リスク中立確率は

$$q = \frac{1 + \frac{1}{10} - \frac{1}{2}}{2 - \frac{1}{2}} = \frac{2}{5} \tag{7.17}$$

である．したがって，ヨーロピアンコールオプションの価格は

$$C = \frac{1}{(1 + \frac{1}{10})^2} \times \left(\frac{2}{5}\right)^2 \max\{400 - 100, 0\} = \frac{4800}{121}$$

となる．つぎに複製戦略を求める．

$$300 = (1+r)B + 400\theta$$
$$0 = (1+r)B + 100\theta$$

第7章 オプションと新金融商品

より $B = -1000/11, \theta = 1$ を得る．ゆえに $C_u = 1200/11$ となる．また $C_d = 0$ であるので,

$$\frac{1200}{11} = (1+r)B + 200\theta$$
$$0 = (1+r)B + 50\theta$$

より，$B = -4000/121, \theta = 8/11$ を得る．

つぎにヨーロピアンプットオプションの価格は

$$P = \frac{1}{(1+\frac{1}{10})^2} \times \left\{ \left(1 - \frac{2}{5}\right)^2 \max\{100-25, 0\} \right\} = \frac{2700}{121}$$

となる．複製戦略は

$$0 = (1+r)B + 100\theta$$
$$75 = (1+r)B + 25\theta$$

より $B = 1000/11, \theta = -1$ を得る．ゆえに $P_d = 450/11$ となる．また $P_u = 0$ であるので

$$0 = (1+r)B + 200\theta$$
$$\frac{450}{11} = (1+r)B + 50\theta$$

より，$B = 6000/121, \theta = -3/11$ を得る．また

$$C - P = \frac{4800}{121} - \frac{2700}{121} = \frac{2100}{121}$$

$$S - \frac{K}{(1+r)^2} = 100 - 100\left(\frac{10}{11}\right)^2 = \frac{2100}{121}$$

よりプットコールパリティが成り立つことも確認できる．

これまでの議論から $T = 3, 4, \ldots$ の場合，すなわち多期間二項モデルのヨーロピアンオプション価格式を導出することができる．満期を $T = n$ とすると，ヨーロピアンコールオプションおよびヨーロピアンプットオプションの価格式

$$C = \frac{1}{(1+r)^n} E[\max\{S\Pi_{i=1}^n X_i - K, 0\}] \tag{7.18}$$

7.1 オプション，デリバティブおよび仕組商品

$$P = \frac{1}{(1+r)^n} E[\max\{K - S\Pi_{i=1}^n X_i, 0\}] \qquad (7.19)$$

を得る．プットコールパリティは

$$C - P = S - \frac{K}{(1+r)^n}$$

となる．

7.1.3 仕組債

仕組債とはオプションや先物などのデリバティブが組み込まれた複合的な債券のことである．デリバティブを債券のキャッシュ・フローに組み込むことによって，償還金，クーポンや満期期間等を比較的自由に設定できるなど，投資家のニーズに沿ったキャッシュ・フローの実現を目指すことができる．すなわち，オーダーメイド発行が可能となる．このため投資家固有のポートフォリオのバランスや，将来のクーポン収入に合わせて，あるいはポートフォリオのヘッジやアセット・アロケーション・マネージメントの観点から仕組債が購入される．近年，仕組債への投資は，法人はもとより，個人の投資家にも広がりをみせている．投資家は普通債券に投資した場合，金利リスクや発行体の信用リスクを負うが，仕組債に投資した場合にはその他のリスク (為替や株価の変動リスクなど) も負うことで，より高い収益率を期待することができる．代表的な仕組債としては，平均株価連動債，デュアル債，他社株転換社債 (EB)，コーラブル債などがある．以下では，2種類のダブルバリア型エクイティリンク債について解説する．

ダブルバリア型エクイティリンク債 (bull type) とは，観察期間中，対象株価の以下のような変動に対応して満期でのペイオフが変化する債券である．

(1) 対象株価が観察期間中に一度でもノックアウト価格 (上方バリア) 以上になる．
(2) 対象株価が観察期間中に一度もノックアウト価格以上にならず，かつ，一度もノックイン価格 (下方バリア) 以下にならない．
(3) 対象株価が観察期間中にノックイン価格以下になるが，満期での株価 $S(T)$ が初期株価 $S(0)$ よりも高い．
(4) 対象株価が観察期間中にノックイン価格以下になり，さらに満期での株価が初期株価よりも低い．

(1)〜(3) の場合は，満期に額面価格で償還されるが，(4) の場合は額面価格は保証されず，株価に連動した価格で償還される．ただし，ノックアウト価格はノックイン価格よりも高いものとする．なお，この仕組債は，一度でもノックアウト価格を上回れば，たとえそれ以後，対象株価が下落して，ノックイン価格を下回っても額面価格で償還される．ゆえに，対象株価が上昇すると思う投資家にとって有益で，対象株価の下落にも対応している仕組債である．

これに対してダブルバリア型エクイティリンク債 (bear type) とは，観察期間中，対象株価が以下のような変動に対応して満期でのペイオフが変化する債券である．

(1) 対象株価が観察期間中に一度でもノックアウト価格 (下方バリア) 以下になる．
(2) 対象株価が観察期間中に一度もノックアウト価格以下にならず，かつ，一度もノックイン価格 (上方バリア) 以上にならない．
(3) 対象株価が観察期間中にノックイン価格以上になるが，満期での株価 $S(T)$ が初期株価 $S(0)$ よりも低い．
(4) 対象株価が観察期間中にノックイン価格以上になり，さらに満期での株価が初期株価よりも高い．

(1)〜(3) の場合は，満期に額面価格で償還されるが，(4) の場合は額面割れし，株価に連動した価格で償還される．ただし，ノックアウト価格はノックイン価格よりも低いものとする．

なお，この仕組債は，たとえノックイン価格を上回っても，それ以後対象株価が下落し，ノックアウト価格を下回れば額面価格で償還される．さらに，一度でもノックアウト価格を下回れば，たとえそれ以後，対象株価が上昇して，ノックイン価格を上回っても額面価格で償還される．ゆえに，対象株価が下落すると思う投資家にとって有益で，株価上昇にも対応している仕組債である．ダブルバリア型エクイティリンク債 (bull type) とは，逆パターンとなる仕組債である．

7.2 新しい金融商品

近年様々な新しい金融商品が誕生している．本節では，新しい金融商品の１つである**天候デリバティブ**について概観する．

前節で述べたようにオプション，先渡，先物といったデリバティブには株式，為替，金利などの原資産が存在し，これらは現実の市場で取引が可能なものであった．これに対して，天候デリバティブは気温，降水量，積雪量などの気候条件に関するデリバティブであり，あらかじめ決められたオプション価格を支払うことにより，降水量などが事前に決められた日数を上回った(または下回った)場合にあらかじめ決められた金額を受け取ることができるものである．ここで重要なのは，気候条件自体が市場で取引されることはないということである．これが前節までのデリバティブと大きく異なる点である．また損害保険は損害額が確定しなければ補償はされないが，天候デリバティブはあらかじめ決められた事象が発生したならば補償される．

天候デリバティブは 1997 年 9 月に世界で初めて取引された．これは米国のエネルギー会社間で冬の気温を対象として行われた．わが国においては 1999 年 6 月に初めての取引が行われている．世界初の取引がエネルギー会社であったように，電力会社とガス会社などは気温の上下によるリスクをもっている．夏に気温が高い場合，電力の消費量は増加するがガスの消費量は減少する．このため電力会社とガス会社がおたがいのリスクをスワップする取引も行われている．

つぎに気温に関する天候デリバティブである，CDD コールオプションと CDD プットオプションを紹介する．ここで CDD とは Cooling Degree Day のことであり

$$\max\{T_i - X, 0\} \tag{7.20}$$

により与えられる．ここで T_i はある特定の日の平均気温であり，X は基準となる気温を表している．CDD コールオプションは，契約期間に CDD の累積があらかじめ決められた値を上回った場合に補償されるため，気温が高くなることにより生じるリスクをヘッジするオプションである．

CDD プットオプションはコールとは逆に，契約期間に CDD の累積があらかじめ決められた値を下回った場合に補償されるため，気温が低くなることにより

生じるリスクをヘッジするオプションであるといえる．

またこのオプションには，HDD (Heating Degree Day) を指標とした HDD コールオプションと HDD プットオプションも存在する．HDD は

$$\max\{X - T_i, 0\} \tag{7.21}$$

により与えられる．HDD コール (プット) オプションは，契約期間に HDD の累積があらかじめ決められた値を上回った (下回った) 場合に補償されるオプションである．

7.3　最適停止とオプション評価

ヨーロピアンオプションの保有者は満期において意思決定を行う．これに対しアメリカンオプションにおいては満期までの任意の時刻で権利行使の可能性があるので，"いつ権利を行使するのが最適か？" という問題 (**最適停止問題**) に直面する．二期間二項モデルの場合は時刻 $t = 1$ において，権利を行使するのか，行使せずに満期まで待つのかの選択をすることになる．したがって，時刻 $t = 1$ でのアメリカンオプションの価格は

$$\max\{h(S(1)), \frac{1}{1+r}(q \times h(uS(1)) + (1-q) \times h(dS(1)))\} \tag{7.22}$$

となる．ここで $h(\cdot)$ はアメリカンオプションのペイオフ，$S(1) = uS$ または dS である．

アメリカンコールにおいて，株式からの配当がない場合は満期以前に権利を行使することが最適ではないので，ヨーロピアンコールオプションに退化する．離散時間モデルの場合は Cox-Ross-Rubinstein 公式により求めることができる．連続時間モデルの場合，ボラティリティが σ であるアメリカンコールオプションの時刻 0 での価格 $C(0, S(0))$ は，以下の Black-Scholes の公式より求めることができる．

$$C(0, S(0)) = S(0)\Phi(d) - Ke^{-rT}\Phi(d - \sigma\sqrt{T}) \tag{7.23}$$

ここで r は無危険利子率，$\Phi(x)$ は標準正規分布の分布関数であり，d は以下で与えられる．

$$d = \frac{\log(S(0)/K) + (r + \frac{1}{2}\sigma^2)T}{\sigma\sqrt{T}} \tag{7.24}$$

例 7.4 アメリカンプットオプションの価格を求める．株価の変動が例 7.3 と同様の場合を考える．時刻 $t=1$ において株価が 200 の場合，(7.22) 式はゼロとなる．これに対して株価が 50 の場合

$$\max\{50, \frac{10}{11} \times \frac{3}{5} \times 75\} = 50$$

となる．したがって権利を行使する．

時刻 $t=0$ においては

$$\max\{0, \frac{10}{11} \times \frac{3}{5} \times 50\} = \frac{300}{11}$$

より，アメリカンプットオプションの価格が求まる．例 7.3 においてヨーロピアンプットオプションの価格は 2700/121 であることから，アメリカンプットオプションの価格の方が高い．これは満期前に権利を行使することができることに対するプレミアムと考えることができる．

つぎに満期が無限の場合を紹介する．詳細は Karatzas and Shreve (1998) を参照．なお初期の株価を x とする．

株式からの配当のある場合を考える．ここで配当率を δ とする．株式に配当のある永久アメリカンコールオプションの価格 $V^{ac}(x)$ は

$$V^{ac}(x) = \begin{cases} (b_1 - K)\left(\dfrac{x}{b_1}\right)^{\gamma_1}, & 0 < x < b_1, \\ x - K, & b_1 \leq x < \infty \end{cases}$$

で与えられる．ここで，$\gamma_1 = \frac{1}{\sigma}(\sqrt{m^2 + 2r} - m)$, $m = \frac{r-\delta}{\sigma} - \frac{1}{2}\sigma$, $b_1 = \frac{\gamma_1 K}{\gamma_1 - 1}$ である．

配当がある場合の永久アメリカンプットオプションの価格式 $V^{ap}(x)$ は

$$V^{ap}(x) = \begin{cases} K - x, & 0 \leq x \leq b_2 \\ (K - b_2)\left(\dfrac{b_2}{x}\right)^{\gamma_2}, & b_2 < x < \infty \end{cases}$$

で与えられる．また，$\gamma_2 = \frac{1}{\sigma}(\sqrt{m^2 + 2r} + m)$, $m = \frac{r-\delta}{\sigma} - \frac{1}{2}\sigma$, $b_2 = \frac{\gamma_2 K}{\gamma_2 + 1} < K$ である．

7.4 リアルオプション

本節では，リアルオプションについて解説する．第2章では，投資プロジェクトを評価し採択する基準として正味現在価値法を用いた．この場合，プロジェクトからの将来のキャッシュ・フローより現在価値を求め，投資プロジェクトに関する意思決定を行う．これに対してリアルオプションでは，経済状況などによる将来のキャッシュ・フローの変化などに対応する柔軟性があり，不確実のもとでの意思決定を行うことができる．リアルオプションにおいて，意思決定に期限がない場合は満期が無限のオプション評価モデルによりプロジェクト価値を求めることができる．リアルオプションには延期オプション，参入オプション，撤退オプション，スイッチングオプションなどがある．

延期オプションは投資などの意思決定を延期することができるものであり，アメリカンコールオプションと同様の性質をもつ．以下では，延期オプションのプロジェクト価値を永久アメリカンコールオプションと同様の枠組みで導出する．

原資産 $X(t)$ が確率微分方程式

$$dX(t) = \mu X(t)dt + \sigma X(t)dW(t), \quad X(0) = x \quad (7.25)$$

に従っているとする．ここで $\mu, \sigma(>0)$ は定数である．プロジェクトの価値関数 $V(x)$ は

$$V(x) = \sup_{\tau \geq 0} E[e^{-r\tau}(X(\tau) - I)) \mid X(0) = x] \quad (7.26)$$

と表される．ここで I は初期投資額，τ は停止時刻である．$V(x)$ は微分方程式

$$\frac{1}{2}\sigma^2 x^2 V''(x) + \mu x V'(x) - rV(x) = 0 \quad (7.27)$$

を満たす．微分方程式 (7.27) 式の一般解は

$$V(x) = Ax^{\beta_1} + Bx^{\beta_2} \quad (7.28)$$

である．ただし β_1, β_2 は2次方程式の

$$\frac{1}{2}\sigma^2 \beta(\beta - 1) + \mu\beta - r = 0 \quad (7.29)$$

の解である.ここで $\beta_2 < 0$ と $V(0) = 0$ から $B = 0$ である.つぎに境界条件

$$V(x^*) = x^* - I \tag{7.30}$$
$$V'(x^*) = 1 \tag{7.31}$$

より A および x^* を求めることができる.ただし x^* は最適行使境界点である.したがってプロジェクト価値は

$$V(x) = \begin{cases} \left(\dfrac{x}{x^*}\right)^{\beta_1}(x^* - I), & 0 < x < x^* \\ x - I, & x \geq x^* \end{cases}$$

となる.ここで

$$x^* = \frac{\beta_2}{\beta_2 - 1} I \tag{7.32}$$

である.明らかに,$x^* > I$ である.$x = x^*$ で $V(x)$ は $x - I$ に接している.プロジェクト価値を図示すれば図 7.14 を得る.

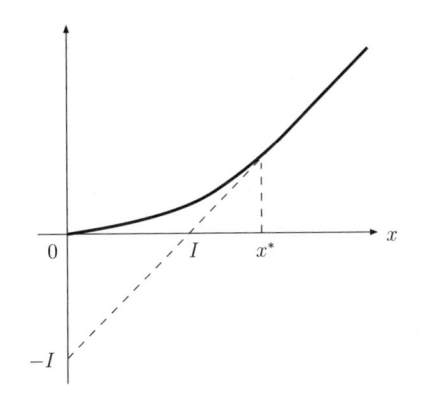

図 7.14 最適行使境界とプロジェクトの価値

7.5 転換社債

転換社債については第 6 章において,株価が確定的な場合についてすでに述べた.この節では,オプション評価モデルの応用として説明する.

第7章 オプションと新金融商品

転換社債とは，あらかじめ決められた価格で，決められた期日までに発行企業の株式に転換できる権利を付与した社債である．社債と株式の中間的なリスクとリターンの組合せを選好する投資家にとって社債の安全性（ローリスク）と株式の高い収益性（ハイリターン）とを結合した金融商品として転換社債は魅力的である．転換社債は額面が保証された社債であると同時に，ある条件のもとでいつでも株式に転換できるという二重証券性によって特長づけられる．株価が高いときは転換社債の価格も上昇し，株価が低いときは社債として保護される．株式と社債の中間的証券を望む投資家にとって転換社債は魅力的な投資対象である．一方，社債の発行が高くつくとき，または企業の負債の市場性を高め時間的遅れを伴うように株式による資金調達を行いたいときには転換社債の発行動機を企業はもつ．特に後者の場合は後日，直接に株式を発行する代わりに今日，間接的に株式発行することが転換社債発行の意義と考えることができる．転換社債の転換は一般に購入者のオプションであるが，ある条件の下で発行企業はその転換時期を早めたり，償還することも可能である．

まとめると転換社債の保有者の利点は

- 額面価額が保証される．
- 株価が高いときには株式に転換して売却すれば利益を得ることができる．
- 株価が低いときにはそのまま社債を保有してクーポンを受け取る．

これに対して発行体の利点は，

- 安定的に資金調達ができる．
- 社債よりも低い利回りである．

などがある．

このような転換社債の価格は，社債と同様に，クーポン率，満期，破産リスク，利子率および発行企業の株価と企業価値に依存する．さらに投資家の転換政策と企業の償還政策に影響される．

時刻 t での転換社債の価格 $P(t)$ は破産の危機，配当政策，株価，利子率ばかりでなく，転換条項，投資家の転換政策，企業による償還政策にも依存する．はじめに投資家による**最適転換政策**と企業による**最適償還政策**について次のよう

7.5 転換社債

に定義する.

- 最適転換政策とは,投資家が各時点での転換社債の転換価値を最大にするような政策である.
- 最適償還政策とは,企業が各時点での転換社債の転換価値を最小にするような政策である.

オプション評価モデルによって導出される転換社債の価格とは,投資家は最適な転換政策を,企業は最適な償還政策を実行する条件の下で,何人にも裁定利潤 (arbitrage profit) を生み出さないような価格であるということができよう.

投資家による転換社債の転換および企業による償還は瞬時に実行できるものと仮定する.転換社債の価格は時刻と企業価値の組合せで決まると仮定する.以下では,オプション評価モデルを転換社債の評価に適用する.時刻 t での転換前の株価を $S^b(t)$,株式数を m とする.以上 2 つの証券によって資金調達している時刻 t での企業の価値を $V(t)$ とすれば

$$V(t) = CB(t, V(t)) + mS^b(t) \tag{7.33}$$

と表される.ここで $CB(t, V(t))$ は満期が T,額面価額 F が転換社債の価格である.転換後の株価を $S^a(t)$,株式に転換される株式数を n とすると (7.33) 式は

$$V(t) = (n + m)S^a(t)$$

となる.つぎに希薄化因子を $z = n/(n+m)$,時刻 t での**転換価値** (conversion value) を $CV(t, V(t))$ とすると

$$CV(t, V(t)) = nS^a(t) = zV(t)$$

となる.企業が転換社債の償還を通知した場合,投資家は転換社債を転換するか償還価格で償還されるかを選択することとなる.償還価格を C とすると,これが企業から投資家への支払いであるペイオフ関数は $\max\{zV(t), C\}$ となる.満期において投資家は株式に転換するか,額面価額を受け取るかを選択するので,ペイオフ関数は

$$CB(T, V(T)) = \min\{V(T), \max\{zV(T), F\}\}$$

第7章 オプションと新金融商品

となる．

破産リスクのない債券の価格が

$$dB(t) = rB(t)dt,\ B(0) > 0,\ r > 0 \tag{7.34}$$

により与えられるとする．企業価値 $V(t)$ はリスク中立確率 P のもとで，確率微分方程式

$$dV(t) = (r - \delta)V(t)dt + \kappa V(t)dW(t) \tag{7.35}$$

に従うものとする．ここで $\delta > 0$ は企業価値に対する配当率，$\kappa > 0$ はボラティリティ，$W(t)$ は完備な確率空間 $(\Omega, \mathcal{F}, P)$ 上で定義される標準ブラウン運動である．

初期資産 $Z_0 > 0$ をもつ投資家を考える．この投資家の時刻 t での安全資産，危険資産の保有量をそれぞれ，$\alpha_1(t), \alpha_2(t)$ とする．ただし，条件

$$\int_0^T |\alpha_1(u)|du + \int_0^T \alpha_2^2(u)du < \infty$$

を満たすものとする．時刻 t でのポートフォリオ π_t を $\pi_t = (\alpha_1(t), \alpha_2(t))$ とすると，π の下での時刻 t におけるこのときの投資家の資産は

$$Z^\pi(t) = \alpha_1(t)B(t) + \alpha_2(t)V(t) \tag{7.36}$$

となる．市場とポートフォリオに関していくつかの制約を課す．まず，市場は完全なもの，すなわち，取引は連続で行われ，資産は無限に分割可能，取引費用・税金はかからず，空売りの制限もないとする．つぎにポートフォリオは自己充足的である．すなわち，(7.36) 式で定義された $Z^\pi(t)$ が

$$Z^\pi(t) = Z(0) + \int_0^t \alpha_1(u)dB(u) + \int_0^t \alpha_2(u)dV(u) \tag{7.37}$$

を満たすならば，ポートフォリオ π_t は自己充足的である．(7.37) 式を微分形で書くと

$$dZ^\pi(t) = \alpha_1(t)dB(t) + \alpha_2(t)dV(t) \tag{7.38}$$

であり，(7.38) 式に (7.34) 式，(7.35) 式を代入して整理すると

$$dZ^\pi(t) = rZ^\pi(t)dt + \kappa\alpha_2(t)V(t)dW(t)$$

となる。$Z^\pi(0) > 0$ である自己充足的なポートフォリオ π に対し、$Z^\pi(t)$ の割引現在価値を $M^\pi(t) = e^{-rt}Z^\pi(t)$ とする。伊藤の公式から

$$\begin{aligned}
dM^\pi(t) &= -re^{-rt}Z^\pi(t)dt + e^{-rt}dZ^\pi(t) \\
&= -re^{-rt}Z^\pi(t)dt + e^{-rt}(rZ^\pi(t)dt + \kappa\alpha_2(t)V(t))dW(t) \\
&= e^{-rt}\kappa\alpha_2(t)V(t)dW(t)
\end{aligned}$$

となり、積分形で書くと

$$M^\pi(t) = M^\pi(0) + \kappa\int_0^t e^{-ru}\alpha_2(u)V(u)dW(u)$$

となる。ここで、$E[\int_0^T (\alpha_2(t)V^2(t))dt] < \infty$ を仮定すると、$M^\pi(t)$ は確率測度 P のもとでマルチンゲール[*1] となる。すなわち、$E[M^\pi(t)] = Z(0)$ となり、どのような取引戦略 π をとったとしても資産の期待値は、初期の資産 $Z(0)$ に等しく、正の正味現在価値を生成することはできない。すなわち、確率測度 P が存在するならば裁定機会は存在しない。

企業の償還時刻を $\sigma \in \mathcal{T}_{t,T}$、投資家の転換時刻を $\tau \in \mathcal{T}_{t,T}$ とする。ここで $\mathcal{T}_{t,T}$ は区間 $[t,T]$ に値をとる停止時刻の集合である。すべての $t \in [0,T]$ に対して確率 1 で $Z^\pi(\sigma \wedge t) \geq zV(t)1_{\{t \leq \sigma\}} + \max\{zV(t), C\}1_{\{\sigma < t\}}$ となるような停止時刻 $\sigma \in \mathcal{T}_{0,T}$ と自己充足的なポートフォリオ π の組 (σ, π) を満期 T の転換社債のヘッジという。この転換社債の価格は

$$CV(0, V(0)) = \inf\{CV \geq 0 | \exists (\sigma, \pi) \text{ with } Z^\pi(0) = CV\}$$

で定義される。

$V(t)$ はすべての $t > 0$ に対して

$$E[\sup_{0 \leq \tau \leq T} e^{-r\tau}zV(\tau) \mid V(0) = v] < \infty$$

が成り立つことから、Kifer (2000) の定理より転換社債の価格 $CB(t, V(t))$ は以下の定理で与えられる。

[*1] マルチンゲールについては木村 (2011) の第 4 章を参照せよ。

第 7 章 オプションと新金融商品

定理 7.1

$$J_t^v(\sigma,\tau) = E[e^{-r(T-t)}\min\{V(T),\max\{zV(T),F\}\}1_{\{\sigma=\tau=T\}}$$
$$+ e^{-r(\sigma-t)}\max\{zV(\sigma),C\}1_{\{\sigma<\tau<T\}}$$
$$+ e^{-r(\tau-t)}zV(\tau)1_{\{\tau\leq\sigma<T\}} \mid V(t)=v]$$

とする．このとき転換社債の価格は

$$CV(t,v) = \inf_{\sigma\in\mathcal{T}_{t,T}}\sup_{\tau\in\mathcal{T}_{t,T}} J_t^v(\sigma,\tau) = \sup_{\tau\in\mathcal{T}_{t,T}}\inf_{\sigma\in\mathcal{T}_{t,T}} J_t^v(\sigma,\tau) \qquad (7.39)$$

で与えられる．また，最適償還時刻および最適転換は

$$\sigma_t^* = \inf\{\sigma\in[t,T) \mid CV(\sigma,V(\sigma))=\max\{zV(\sigma),C\}\}\wedge T$$
$$\tau_t^* = \inf\{\tau\in[t,T) \mid CV(\tau,V(\tau))=zV(\tau)\}\wedge T$$

で与えられる．

転換社債の評価は，発行人である企業と買い手である投資家の間の 2 人 Dynkin ゲームとして定式化できることを述べた．定理 7.1 は，最適な償還時刻と最適な転換時刻は，この 2 人 Dynkin ゲームの鞍点解であり，そのときのゲームの値が転換社債の価格式であると主張しているのである．

7.6 金融危機と金融工学

2008 年のリーマンショックが引き金となった金融危機はなぜ起こったのであろうか．その学問的分析が多くの研究者や実務家によってなされているが，この節では金融工学の立場から再発防止の期待を込めて述べる．さらに，その元凶の 1 つとして批判された信用デリバティブスワップ (CDS) について説明する．

7.6.1 金融危機の起こった原因

金融危機そのものは歴史上何度も繰り返し発生した．1929 年の大恐慌は世界経済に深刻な影響を与え，この打撃から立ち直るのに 10 年間を要した．1982 年の中南米金融危機，1995 年のメキシコの金融危機およびその後に発生したアジア危機，2010 年のギリシャの財政破綻に伴う通貨ユーロの下落などは記憶に新

しいものである．2008年11月に発生した世界的規模での金融危機は世界中を大不況に落とし入れ2011年になってもなお，その傷跡に世界経済は苦しんでいる．米国では150行を超える銀行が破綻し，失業率が10%を超えている．このような大混乱や壊滅的損害が発生したとき，その原因や責任の所在は1つや2つではない．多くの金融機関の経営者，規制当局や専門家および格付機関が多くの誤りを犯したことは明らかだ．その原因を列挙すれば，次のことが多くの識者によって指摘された．

(1) 規制当局のデリバティブについての知識不足
(2) 格付の信頼性への過信
(3) 新金融商品とその対象資産へのデータ不足
(4) デリバティブはオフバランス取引商品として規制の対象外
(5) グラス・スティーガム法等の廃止に見られる規制緩和
(6) 経済のグローバル化と市場原理の行き過ぎ
(7) 仕組ファイナンスにおける金融工学

以上の原因は，相互に関係し合っており，これらの原因の総和によるシナジー効果として金融危機が発生したのである．市場の参加者の中で金融工学者の多くは，効率的で完全な市場の下で自由な取引に対する強い信念によって支えられていた．特に，デリバティブ取引が規制の枠外にあったことは彼らにとって最も魅力的であった．その中で金融工学が果たした役割として金融工学が想定する金融市場の仮定である完全で効率的市場の次の仮定（第1章1.5節参照）を引用する．

(1) 無リスクな利子率で無制限に資金を貸借できる
(2) 連続的取引が可能

金融工学が創造したデルタ・ヘッジ戦略 δ は，仮定 (2) による派生証券の価格式 $f(x,t)$ の導出において，原資産価格 x に関する派生証券の傾きである導関数 f_x と等しく採ることによって，無リスク証券化できることを主張している．原資産価格が如何に変動しようとも仮定 (1) によって無リスク債券を調達できる．しかし，現実には取引費用があり借り入れには担保や証拠金が必要である．この

ように現実の資本市場は完全で効率的市場の仮定から大きくかけ離れている．

デリバティブの多くはスポット市場のない店頭取引（市場）で行われるので，投資家にとってデリバティブの価格がブラック・ボックス化され易く，またリスクの誤認やミスプライシングへの認識力が極めて低い．運用手法についても投資家は従来の格付に依存し，情報の非対称性も依存した．長期的な低金利政策の下でより有利な高いリターンをもたらす新金融商品は投資家にとって魅力的に映ったのであろう．

7.6.2　信用デリバティブスワップ (CDS)

信用デリバティブの1つとしてCDSをとりあげよう．ジェネラル・モーターズ（GM）のCDSを債券者に販売したとしよう．このことによって，CDSの発行人はGMの再生よりも破綻によってより大きな利得を得られる可能性のある商品である．CDSは，無法とも呼ぶべき破壊的商品であるとジョージ・ソロスが喝破したものである．

破綻の可能性のあるリスク債券を考え，額面で販売されたとする．さらに，破綻した時の回収率は，便宜的に0とし，破綻は満期でのみ起こると仮定する．

この債権はn期間クーポンを支払うとする．便宜的にi期の支払いCを毎期約束し，満期t_nで破綻が起こらなければ，クーポンと額面Fが支払われる．もし，破綻すれば受取額は0である．このリスク債券の買い手の立場から抽くと，債券のキャッシュ・フローは図7.15の通りである．

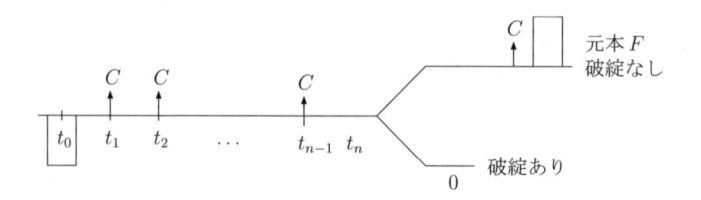

図7.15　リスク債券のキャッシュ・フロー

この支払い額Cをクーポンと呼ぶ．満期t_nで破綻が起こらなければ，毎期Cと満期で額面Fを受け取る．破綻した時の支払額0を$+F$と$-F$とに分ける．すなわち，$0 = F - F$である．元のキャッシュ・フローに変化はない．CDSの

クーポン C から差し引く量をスプレッド d と呼び，$d < C$ である．この債券の満期での破綻が発生した時のキャッシュ・フロー $0 = F - F$ を図 7.16，図 7.17 のように分割する．

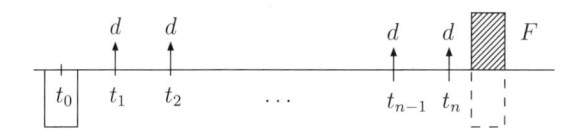

図 7.16　無リスク債券のキャッシュ・フロー

図 7.17　CDS のキャッシュ・フロー

図 7.16 は，破綻したときもクーポンと元本をともに受け取ることができる無リスク債券のキャッシュ・フローであり，図 7.17 は CDS のキャッシュ・フローである．もし破綻しなければ確定的なスワップレート s を受け取るが，破綻すれば，保証した元本 F を支払わなければならない．このとき，$s = C - d$ の関係が成立するので，s をスワップレート，d をスプレッドレートと呼ぶ．CDS の買い手と売り手の間でリスキーな元本 F の支払いをスワップレートと交換していると見做してよい．元の債券のクーポンレート C を d と s で分割し合うことによって，リスクのある債券を無リスク債券と CDS に分割したといえる．合成された担保証券（CDO）も同じ考え方の下に組成された証券である．

スワップは流動性の高い商品であるから，固定利得が保証されることになる．しかし，そのスワップレートは元の社債のクーポン C より小さい．すなわち，$s < C$ となり，その差 $d = C - s$ を信用スプレッドと呼ぶ．多くは短期金利として LIBOR が利用できる．元の社債は，信用リスクのある格付が劣位であったが，このように組成することによって無リスク債券となり，一方の CDS は破綻リスクを背負うことになるが，格付会社が元の発行企業に対する信用保証を付与

して，ある意味では信用についての偽装をほどこして世界中に販売した．ここで，金融工学が果たした役割は信用リスクのある債券 B_R を (1) 固定的な金利スワップ S_W と (2) 無リスクな債券 B_F および (3) CDS の 3 つの商品に分割してポートフォリオとしたことと，それぞれの商品の価格付の数学的枠組みを提供したことである．

$$B_R = S_W + B_F + CDS$$

この代数式を操ることによって，他の商品の価格付が可能となった．たとえば，

$$CDS = B_R - S_W - B_F$$

によって，企業の破綻（寿命）のリスク・プレミアムを生命保険のように販売することを可能にした[*2]．

人間の命は何人も触れたり，制御できないことを前提として生命保険は販売されている．ところが，金融機関などの債権者は企業の寿命に対して影響力をもっている．CDS の取引にモラルハザードが発生する可能性が存在したことになる．

演習問題

問題 7.1 先物取引と先渡取引のちがいを述べなさい．

問題 7.2 株価が図のような変動をする場合を考える．このとき以下の問いに答えなさい．ただし権利行使価格 $K = 100$, 無危険利子率 $r = 1/20$ とする．

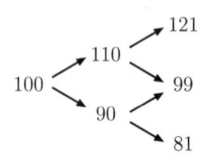

```
            121
       110 <
 100 <      99
       90 <
            81
```

(1) ヨーロピアンコールオプションの時刻 0 での価格と複製戦略を求めなさい．

[*2] 詳しくは，Neftci (2004) を参照せよ．

(2) ヨーロピアンプットオプションの時刻 0 での価格と複製戦略を求めなさい．

問題 7.3 株価の変動，権利行使価格，無危険利子率は前問と同じとする．このとき以下の問いに答えなさい．

(1) アメリカンプットオプションの時刻 0 での価格を求めなさい．
(2) アメリカンコールオプションの時刻 0 での価格を求め，ヨーロピアンコールオプションの価格と等しくなることを確認しなさい．

問題 7.4 原資産価格 $S(0) = 100$，権利行使価格 $K = 100$，ボラティリティ $\sigma = 0.2$，満期 $T = 1$，無危険利子率 $r = 0.05$ とする．このとき以下の問いに答えなさい．

(1) ヨーロピアンコールオプションの価格を (7.23) 式より求めなさい．
(2) ヨーロピアンプットオプションの価格 P を
$$P = Ke^{-rT}\Phi(-d + \sigma\sqrt{T}) - S(0)\Phi(-d)$$
より求めなさい．
(3) 連続時間モデルにおけるプットコールパリティ
$$C - P = S(0) - Ke^{-rT}$$
が成り立つことを確認しなさい．

問題 7.5 (7.30) 式および (7.31) 式より，(7.32) 式を導出しなさい．

第8章

合併と買収および企業の再構築

8.1 企業はなぜ合併（買収）をするのか

多くの企業は成長を求める．企業の成長は内部的には経営資源や特定の資本を蓄積することによってもたらされ，外部的には他企業の経営資源を獲得したり，新たなビジネス分野へ進出し，これらを結合させることによって支えられる．2つの会社を統合して別会社を設立することを**合併** (merger) といい，1つの企業が他の企業を吸収することを**買収** (acquisiton) というが，この両者に経済的な違いはない．合併は吸収合併を意味することが多いのに対して，買収は他企業の経営権・財産権を株式や事業の買収によって取得することの違いはある．株式の取得は株式の交換，公開買付け，資本提携・譲渡など様々な手法がある．

企業を取巻く今日の経営環境は合併・買収（単に M&A と呼ぶ）のニーズを高めている．どのような経営環境が合併・買収のニーズを高めているのであろうか．そのニーズを列挙すれば，次の6点が考えられる．

(1) 既存の分野を拡大し強化するために同業他社の関連分野を合併・買収によって，技術力・市場占有力を内部的に高める．
(2) 連結合計や時価会計制度の導入によって企業グループの規模 (scale) と分野 (scope) の拡大．
(3) 新しい成長分野への進出を内部的投資によって時間を掛けて行うよりも合併・買収による迅速な投資収益の拡大．

第8章 合併と買収および企業の再構築

(4) 合併によって将来の競争相手の出現の可能性を排除し，既存の市場構造の下での優位性を高める．
(5) 規制緩和や更なるグローバル化の進展によってより競争的な環境の下で株主への利益率や経営効率を高める必要性．
(6) 企業の未来に向けての経営戦略やコーポレート・ガバナンスの説明責任が株主ばかりでなくステーク・ホルダーに対して求められる．

などが考えられる．合併と買収のパターンを分類すれば図8.1のようになる．

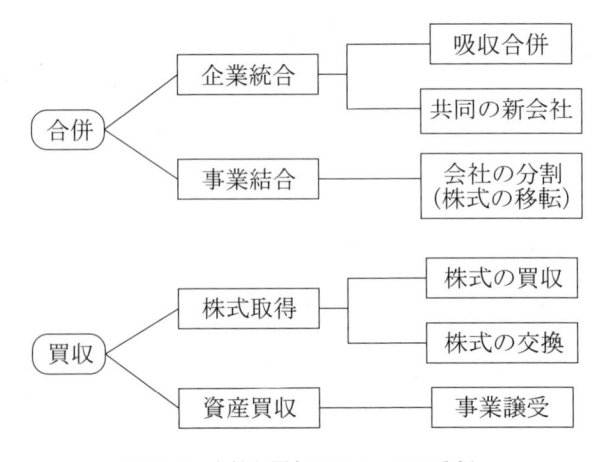

```
          ┌─ 企業統合 ─┬─ 吸収合併
合併 ─────┤            └─ 共同の新会社
          └─ 事業結合 ──── 会社の分割
                           (株式の移転)

          ┌─ 株式取得 ─┬─ 株式の買収
買収 ─────┤            └─ 株式の交換
          └─ 資産買収 ──── 事業譲受
```

図 8.1 合併と買収のパターンの分類

合併は2つ以上の会社が1つの会社になるのに対して，買収は他企業の一部事業または全部の事業を買い取ることである．合併・買収に際して最も重要なことは，相手企業の評価である．この企業評価がなされてこそ，両社の株式交換や買取価格，会社の分割などの公平な交渉が可能となるからである．

合併をしようとしている企業を買い手Aとし，吸収合併の対象となっている企業を売り手Bとしよう．この合併による企業統合によって新しい企業Cが生まれるとする．この合併は，売り手の提示価格が買い手の提示価格より小さいときにのみ成立する．この合併が売り手と買い手の双方にとって望ましいとなるためには，買い手の提示価格と売り手の提示価格とはどの程度の差があればよいであろうか．この問いに応えるため次の記号を使用する．

8.1 企業はなぜ合併（買収）をするのか

$Y_m(A) = $ 合併がないときの企業 A の m 期後の期待利得
$Y_m(B) = $ 合併がないときの企業 B の m 期後の期待利得
$Y_m(C) = $ 合併が成立したときの新企業 C の m 期後の期待利得
$k_A = $ 合併がないときの企業 A の $Y_m(A)$ の割引率
$k_B = $ 合併がないときの企業 B の $Y_m(B)$ の割引率
$k_C = $ 合併による新企業 C の利得 $Y_m(C)$ に適用される割引率

買い手 A(buyer) の提示価格を V_A，売り手の提示価格を V_B とすれば，それぞれ

$$V_A = \left(\frac{Y_1(C)}{1+k_C} + \frac{Y_2(C)}{(1+k_C)^2} + \cdots \right) - \left(\frac{Y_1(A)}{1+k_A} + \frac{Y_2(A)}{(1+k_A)^2} + \cdots \right) \quad (8.1)$$

$$V_B = \frac{Y_1(B)}{1+k_B} + \frac{Y_2(B)}{(1+k_B)^2} + \cdots + \frac{Y_m(B)}{(1+k_B)^m} + \cdots \quad (8.2)$$

となる．したがって，売り手 B の提示価格 V_B が買い手 A の提示価格 V_A を下回ったときのみ A と B との合併が成立する．すなわち，$V_A > V_B$ である．買収する企業 A は，買収対象の企業 B が合併によってより多くの将来収益に貢献することを期待する．V_B と V_A は買収相手企業の将来収益と合併後の企業の将来収益を表しているから，買収する企業は買収相手の潜在的収益の可能性を予見する．企業 A，B が単独でビジネスを続行するよりも，合併企業 C の将来収益が両社の収益の和よりも大きいことが合併のメリットでなければならない．良い合併とは，経営資源のムダを無くし，生産コストをはじめ重複する営業コストを削減し，経費，管理費および競争コストを節約するものである．(8.1) 式において右辺の括弧の第二項を V_a とすれば

$$V_A = \left(\frac{Y_1(C)}{1+k_C} + \cdots + \frac{Y_t}{(1+k_C)^t} + \cdots \right) - V_a \quad (8.3)$$

であるから，$V_A > V_B$ は

$$\frac{Y_1(C)}{1+k_C} + \frac{Y_2(C)}{(1+k_C)^2} + \cdots > V_a + V_B \quad (8.4)$$

となる．すなわち，合併後の新会社の将来収益の現在価値は，合併前の企業 A，B のそれぞれの将来収益の現在価値の和 $V_a + V_B$ より大である．企業 A はその

産業のリーダーで企業 B がフォロアーであるとき，企業 A は企業 B を買収するインセンティブをもち，企業 B は企業 A に V_B よりも高い価格で売却するインセンティブをもつ．V_a，V_A および V_B はそれぞれの将来収益 $Y_t(\cdot)$ ばかりでなく，各企業の株主の要求収益率にも依存していることがわかる．このように合併は両社にとってメリットがあるときに成立する．もし企業 B が敵対的企業 A との合併を回避したいならば，企業 B はより友好的企業に対して安い売却価格を提示する必要がある．合併は株主総会の議決事項であるから，どのような形の合併および売却価格が株主にとって望ましいか否かで合併が実行されることになる．

8.2　合併・買収の成立要件

合併・買収相手を経営傘下に置くには買収する企業はいくつかの要件を満たさなければならない．まず第一に独占禁止法等の法律的問題の発生を回避する必要がある．第 1 章 1.5 節で完全な資本市場について説明したように，実質的な価格競争を不可能とするような価格支配力を企業がもつことは法律違反である．第二に，もし合併が交渉によって行われるならば買収企業 A は対象企業 B に対して買収価格を提示する．A が提示する買収価格は相手企業 B の意図する売却価格を上回る必要がある．合併の実現に向けて A が B を説得するために買収価格と売却価格との差を如何に縮めるかは両者の交渉力に依存する．もし企業 A の経営者が企業 B の経営者との交渉に失敗したり拒絶されたならば，企業 A は企業 B の株主に直接に訴えて株式の買取価格や企業 A の株式との交換を公表の形で提案することができる．このような提案が常に成功するとは限らない．買収対象の企業 B は，既存株主に自らの株式を売却しないよう訴えることもできるし，また新株を発行して対抗することもできる．合併または企業統合のメリットや提携条件を相手先の株主や債権者，場合によっては取引先に提示し，合併の経営上の魅力度を訴えることが企業統合成立の重要な要件である．第三に，合併を実現するためには，合併企業は強制的な吸収合併か統合による新会社の設立かのいずれの形をとるかを選択し，それに応じて資産と株式の買収を決定し，税務・会計の処理を実行し，監督官庁および証券取引所に届け出るなど法務上の手続きを完了して初めて企業統合が成立する．今日の多くの企業グループでは株

式の買付けによる買収を回避するために**持ち株会社** (holding company) の設立が注目を集めている．持ち株会社とは，1つの会社（持ち株会社）の下で複数の企業が異なるビジネスを展開し，持ち株会社は株式の所有権を通してこれらの企業グループをコントロールする企業のことである．ある一定割合（たとえば，20～30％程度）の株式を保有することで企業グループを実質的に支配し，買収等への防御策の役割を持ち株会社は果たす．持ち株会社の各企業は異なる分野・業態の下で独立の経営を行い，グループ内の他企業の負債等からは無関係である．

8.3　合併・買収の評価

企業が合併・買収する企業の株式購入価格（の最小値）を決定したならば，この合併を実行するか否かに先立ち，相手企業の自らにとっての価値を計算しなければならない．すなわち，この合併によって買収する企業の株価にどのような影響を与えるかを分析する．企業の買収は，第3章で学んだ資本予算における投資決定に似ている．すなわち，機械等の実物投資プロジェクトの評価手法を合併・買収の評価に適用することができる．投資コストが投資による将来収益の割引現在価値を下回ったとき，この投資は投資価値をもつ．合併によって支払ったコストが合併によって獲得されるであろう将来収益の割引現在価値を下回ったとき，そのときのみこの合併・買収は財務的価値をもつ．

企業 A は企業 B を吸収合併するに当り，買取り価格（現金または株式によって）を支払おうとしていると仮定しよう．合併後，企業 B のすべての資産と負債は統合会社 C に引き受けられる．買取り価格の臨界値を導出するために次の記号を使用する．

$Y_1(A)$ = 合併前の企業 A の株主に帰属する収益（配当）
$Y_1(C)$ = 合併後，統合企業 C の株主に帰属する収益（配当）
g_A = 合併前，企業 A の収益の成長率
g_C = 合併後，統合企業 C の収益の成長率
k_A = 合併前，企業 A の収益に対する要求収益率
k_C = 合併後，統合企業 C の収益に対する要求収益率
S = 企業 A が企業 B に提示する買取価格

第8章 合併と買収および企業の再構築

ここでは，株主にとっての収益は配当に等しいとし，企業 A の再投資は，企業 A の配当を年率 g_A で成長させ，合併後の再投資によって統合企業の配当は年率 g_C で成長すると仮定する．第 2 章の株価の現在価値の公式によって，企業 A と統合企業 C の株式価値は，それぞれ $Y_1(A)/(k_A - g_A)$ と $Y_1(C)/(k_C - g_C)$ である．合併が望ましい決定であるための必要条件は

$$\frac{Y_1(C)}{k_C - g_C} > \frac{Y_1(A)}{k_A - g_A} \tag{8.5}$$

である．すなわち，(8.5) 式の左辺は統合企業の株価であり，右辺は合併前の企業 A の株価である．企業 A の株価は合併によって増加する．(8.5) 式における $Y_1(C)$ は，企業 B に支払われる買取価格 S の増加に対して，減少する．(8.5) 式の左辺に買取価格 S は明示的に表現されていないが，S は合併の収益性に影響を与えるので，左辺を $f(S) = \frac{Y_1(C)}{k_C - g_C}$ とする．統合企業の株価 $f(S)$ は買取価格 S（A が B に支払う額）の減少関数である．(8.5) 式の不等式が丁度，等号で成立する買取価格を S^* とすれば，$S < S^*$ のとき合併は投資として望ましいことになる．もし $S \geq S^*$ ならば，合併は望ましい投資ではない．このことを図示すれば図 8.2 を得る．

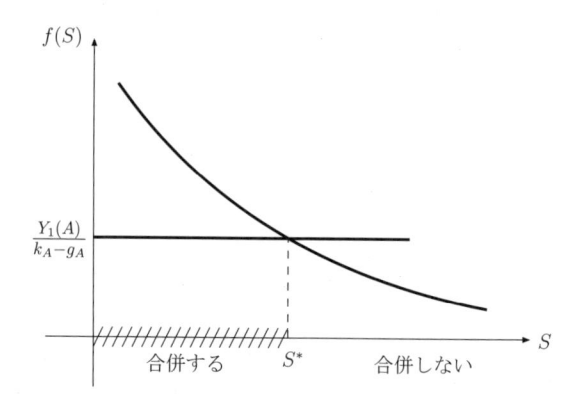

図 8.2 合併の最適な買取価格

図 8.2 は合併による買取価格の支払いが現金または企業 A の株価で行われる場合を述べた．もし合併が企業 A と B の株式の交換によって実行されるなら

ば，企業 B への支払いは統合企業 C の新株式によってなされる．この場合，企業 A の旧株主は統合企業 C の 100% 株主ではない．このことを分析するために，n_A を合併前の企業 A の株数，Δn_A を企業 B と交換した株数とすれば，合併後の企業 C の株数は $n_A + \Delta n_A$ であるので，企業 A の旧株主の統合企業 C での持株比率は

$$\frac{n_A}{n_A + \Delta n_A}$$

であり，企業 B の旧株主の統合企業 C での持株比率は

$$\frac{\Delta n_A}{n_A + \Delta n_A}$$

である．合併が企業 A の旧株主にとって望ましい条件は

$$\frac{Y_1(C)}{k_C - g_C} \cdot \frac{n_A}{n_A + \Delta n_A} > \frac{Y_1(A)}{k_A - g_A} \tag{8.6}$$

である．(8.5) 式の不等式は合併が現金による決済であるのに対し，(8.6) 式の不等式は合併は株式交換によって実行されたものであるから，合併による資金調達の手段が異なる．したがって，(8.6) 式の $Y_1(C)$ と k_C も (8.5) 式のそれとは異なる．買取価格の臨界値 S^* も異なるが，どちらの場合も合併によって企業 A の旧株主の価値が増加することは同じである．合併によって「規模の経済」が働いて $Y_1(C)$ または g_C がどれ程大きくなるかに依存する．同様に企業 B にとってもこの合併が望ましいための条件は，統合企業 C の株価が合併前の企業 B の株価を上回ることである．すなわち，$Y_1(B)$ を合併前の企業 B の株主に帰属する収益とすれば，

$$\frac{Y_1(B)}{k_B - g_B} \cdot \frac{1}{n_B} < \frac{Y_1(C)}{k_C - g_C} \cdot \frac{\Delta n_A}{n_A + \Delta n_A} \tag{8.7}$$

である．ここで k_B は合併前の企業 B に対する要求収益率であり，g_B は合併前の企業 B の収益の成長率であり，n_B は合併前の企業 B の株数である．

8.4 資本と組織の再構築

合併・買収は独立した異なる企業間での資本構成の変更であった．この節で述べる資本の再構成は，企業価値を高めるために企業内部での自立的な資本構成の

変更である．資本の再構成は資本構成を改善することであるから，財務状態が健全な企業においても実施され，財務状態の悪い企業は財務的不健全性を改良するために実施する．経営環境の変動によって企業収益の悪化や経営者の判断ミスによって，債務の増大や破綻リスクが高まるなど財務体質の悪化に直面する企業は事業を清算するか継続するかの意思決定に向き合う．このときの対処方法として企業は資本を再構成し，負債を削減し企業組織を再構築しようとする．組織の再構築は資本の再構成よりもより厳しいリストラである．企業内関係者の権利の停止や無効に繋がる場合は裁判での訴訟問題に発展する可能性がある．この場合，組織の再編は資本の再構築よりもはるかに時間とコストがかかる．

資本の再構成の手段として次の3つが考えられる．

(1) 負債の過重負担を軽減するために，負債を新株によって肩代わりさせる．
(2) 利子支払の減額，負債満期の延長または負債の一部棒引き．
(3) 優先株の配当や転換社債のクーポン支払いが困難なとき，株式に転換するように求める．

破綻（デフォルト）に直面した企業は，強制清算か組織の再編に取り組まざるを得ない．債権者も株主も強制清算の事態を回避するため企業の存続に向けて上述の3つの手段を受け入れるのである．債権者が負債の満期を繰り延べたり，減額に応じることは企業存続のために負債の規模と比率を縮小しようとするものである．このような資本の再構成の目的は，負債を削減し支払能力を高め，債権者の資金回収力を大きくすることにより，資本の再構成によって再編後の株主の利益を最大化することである．資本の再構成の対象が負債権者と優先株の保有者だけならば，再構成後の資本構成は株式のみとなる．もし再構成の対象が既存株主ならば，新株が発行されるか旧株が再取得されて株主の数（株数）が増加する．旧株が再取得されるならば，資本の再構成後の株主はこの企業の株主として留まることが有利と考える株主からなる．なぜなら資本の再構成を評価しない株主は，再取得の時点で旧株を売却するからである．したがって，ここでは資本の再構成後も株式を保持し続ける株主を対象に考える．いま資本の再構成を検討している企業の将来収益を $Y_1, Y_2, \cdots$ とし，発行済株数を n とすれば，こ

8.4 資本と組織の再構築

の企業の株価 P は

$$P = \frac{1}{n}\left(\frac{Y_1}{1+k} + \frac{Y_2}{(1+k)^2} + \cdots + \frac{Y_t}{(1+k)^t} + \cdots\right) \quad (8.8)$$

で与えられる．ここで k は株主の要求収益率である．資本の再構成が行われた結果，この企業の将来収益を $Y_1', Y_2', \cdots$ とし，新株の発行数を Δn とすれば総株数は $n + \Delta n$ となる．もし $\Delta n < 0$ ならば自社株買いとみなす．資本の再構成後の株主の要求収益率と株価をそれぞれ k' と P' とすれば

$$P' = \frac{1}{n+\Delta n}\left(\frac{Y_1'}{1+k'} + \frac{Y_2'}{(1+k')^2} + \cdots + \frac{Y_t'}{(1+k')^t} + \cdots\right) \quad (8.9)$$

となる．したがって，株主が資本の再構成を望ましいと考える必要かつ十分条件は

$$P' > P \quad (8.10)$$

である．もし資本の再構成前と後との将来収益が一定でそれぞれ Y と Y' とすれば，(8.8) 式は $P = Y/nk$ となり，(8.9) 式は $P' = Y'/(n+\Delta n)k'$ となるから，(8.10) 式の条件は

$$\frac{Y'/(n+\Delta n)}{Y/n} > \frac{k'}{k} \quad (8.11)$$

となる．新株発行による将来収益の増加率が要求収益率の増加率よりも大きいとき，そのときのみ資本の再構成は株主価値を増大させる．この分析の前提は，要求収益率が時間に関して不変であり，他の資金移動がなく，満期が固定されていることを前提としている．もし企業が株式を負債に置換えるとすれば ($\Delta n < 0$)，それは株価に影響を与える．長期的には株式と債券とは相互に移動するので，(8.11) 式の不等式は短期的分析に有効的であると限定される．

　組織の再編も基本的には，株主価値の最大化の下では資本の再構成と同様の論理に従う．組織の再編によって事業を継続することがより大きな将来収益をもたらすならば，再編は事業清算よりも望ましいことになる．資本の再構成が企業価値を増加させる限り，このメリットはすべての株主に及ぶ．しかし，組織の再編が企業の短期的な将来価値を温存するにすぎないならば，再編メリットの一部分が株主にもたらされるにすぎない．組織の再編が成功するか否かは，債権者

第8章 合併と買収および企業の再構築

の負債額の規模と比率を縮小し，このことが株主利益の犠牲を伴わないことである．

つぎに新株発行による資本の再構成を考えよう．このような資本の再構成は，株価や配当に影響する．簡単のために負債を株式と交換することを考えよう．X を純営業収入とし，D を負債の金利支払額，τ を税率，V を株価総額とすれば負債と株式の交換前の1株当り収益 E は

$$E = \frac{(X-D)(1-\tau)}{V} \tag{8.12}$$

となり，交換後の金利支払額を D' とし，交換後の株価総額が V' ならば，交換後の1株当り収益 E' は

$$E' = \frac{(X-D')(1-\tau)}{V'} \tag{8.13}$$

となる．新株が発行されることが望ましい条件は $V' > V$ である．(8.12) 式と (8.13) 式を図示すれば図 8.3 を得る．

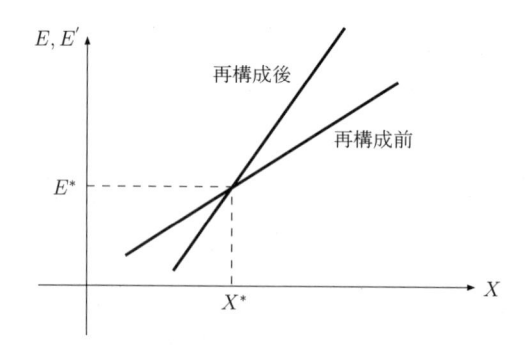

図 8.3 資本の再構成と臨界的営業収入

図 8.3 は，資本の再構成後の純営業収入が X^* 以上ならば，再構成は営業収入 E を増加させ，すなわち株価を上げる効果がある．臨界的営業収入 X^* は資本再構成の営業収入の損益分岐点となっている．

演習問題

問題 8.1 企業 A と企業 B はそれぞれ 1000 万円の現金流を生み出している．企業 A は 10% で，企業 B は 20% で毎年成長しているとき，この 2 つの企業が単純に合併したときの今後 10 年間の現金流はどれ程になるか．

問題 8.2 合併に当って買い手の企業が提示する買収価格と売り手企業が要求する価格とは一致しないので，この買収交渉はある範囲の価格交渉となる．買い手の掲示する最大値と売り手の掲示する最小値との不一致はどこからくるかを説明しなさい．

問題 8.3 企業 A は企業 B の株式を全株買収したと仮定する．企業 A は，この買収の結果，企業 B を自社の事業部として経営するかまたは全株出資の下請企業として経営するかのいずれかを検討している．それぞれの長所・短所を述べよ．

問題 8.4 企業 C は企業 D を株式交換により買収することを精査している．下の表は合併前の 2 つの企業 C, D の主要な財務データである．

表

財務データ	企業 C	企業 D
営業利益	2,000,000 (千円)	1,000,000 (千円)
支払率	50%	70%
成長率	8%	7%
配当還元率	13%	15%
株式数	400,000 (株)	200,000 (株)

(1) 企業 C, D は何円でそれぞれの株式を売却（交換）するか．合併が株式の市場価格による交換で実行されるならば，企業 C は企業 D の株式の全株を交換するために何株発行しなければならないか．

(2) 合併後，企業 C は企業 D のすべての資産と負債を引き受け，企業 D は解散すると仮定する．その結果，企業 C は支払率を 50% に，合併効果による成長率を 8.5% に，リスク効果のための配当率を 13.5% にそれぞれ

第 8 章　合併と買収および企業の再構築

維持したい．この合併は 2 つの企業の企業価値を高めるか．2 つの企業の株主間の配当はどうなるか．

問題 8.5 企業 A が企業 B を市場価格で買収するならば，株価収益率が企業 B のそれより高いか低いかによって企業 A の EPS は上昇または下落する．これを合併前と合併後の EPS の比をとることによって示せ．

第9章

ガバナンスと社会的責任

9.1 企業は誰のものか

　市場経済の成熟した国において，企業は雇用を生み出し商品・サービスを社会に提供し続けるエンジンの役割を果たしている．またその規模が大きい程，社会的影響力が増し公共的側面も高まる．この意味で企業もまた社会的存在である．このような企業は誰のために存在するのであろうか．企業の利害関係者（ステーク・ホルダー）は企業の規模とその事業内容に依存して数多く存在する．法律的には企業は株主に帰属するが，企業の利害関係は株主に止まらず従業員，顧客，経営者および債権者も含まれる．これらの人々は企業に対して何らかの請求権・権利を有している．ファイナンス理論では企業の目的は企業価値すなわち株主価値を最大化することと述べてきた．株主こそがリスク・マネーの提供者であるからである．しかし，現代の大企業は無数に沢山の株主からなり，また複雑な利害関係者に囲まれていて，代理人である経営者が専門家として企業経営の実務を担っている．そこでは所有と経営の分離が通常に行われている．経営者は経営の専門家として株主に代わって経営の意思決定を行い，実質的に企業を統括している．また企業経営に関する情報も株主よりもより多く正確に把握しているのが普通である．経営を経営者に委託した株主の関心は通常その企業の収益と株価にあるのであって，経営者の下す日々の意思決定にあるのではないことが多い．

9.2　コーポレート・ガバナンス

　経営者は株主の代理人である．経営者は自らが経営する企業の実態を熟知し，株主よりもその企業についてより多くの情報をより早く把握するのが普通である．このように経営者と株主の間には企業経営に関する情報の非対称性が存在する．この情報の非対称性からくる経営者のモラルハザードを抑制する仕組みが必要となる．経営者が善良なる代理人としての義務を誠実かつ充分に果しているかは，企業組織内では監査役によって，組織外からは監査法人，債権者や外部の経営アナリストによって監視されている．また経営者は競争相手や投資ファンドからの合併・買収の恐れにさらされている．もしこれらのリスクや恐れがなければ，業務への忠実な経営者としての専念義務を怠ったり，株主の利益よりも自らへの利益を優先するかもしれない．企業に資金を提供した投資家は，投資からのリターンの増加を経営者に要求する．投資家としての株主と債権者との間には利益相反があるように，株主と経営者の間にも利益相反がある場合に，経営者に企業価値最大化の行動を取らせる仕組みが必要となる．このように企業目的と整合性のある行動を企業内部の人間に課す仕組みを**コーポレート・ガバナンス**（企業統括）の観点から述べる．

　コーポレート・ガバナンスとは企業が投資および財務をはじめとする企業経営に係る適切かつ有効な意思決定を行う能力を指す．より具体的には，その企業の利害関係者に係る取締役会の意思決定のルール，手続きとその管理を特定の利害関係や経営者の利害ではなく，企業価値の増大に向けて実現させる企業組織としての管理能力とみなされる．株主を主権者（プリンシパル）とし，経営者を代理人（エージェント）とみなして，法令遵守をはじめとする制約やガバナンスが貫徹されないとき代理人は主権者の利害よりも自らの利益を優先させるインセンティブをもつ．このように株主と経営者との間の利害が一致しないことを説明する理論を経済学ではより一般的にエージェンシー理論と呼んでいる．この理論では経営者と株主との間の関心の相違を指摘している．株主は配当と株価に主たる関心があり，株主である限り中長期的に安定した配当と株価の上昇を求める．一方，経営者は自らの任期中の収益とそれが保証する報酬に関心がある．もし経営者がストック・オプション等によって，経営インセンティブを与えられて

いるならば，短期的な収益を追求しがちになり，長期的収益やリスク投資を回避するかもしれない．企業は永続的に生存することを前提としているので，ガバナンスとはこの経営者と株主との間の関心の隔たりを縮小したり，一致させるための工夫を資本主義の制度とみなすことができる．たとえば，経営者に与えられるストック・オプションは株価最大化と経営者報酬とを一致させる仕組みである．この経営者報酬制度の下で経営者は経営する自らの企業の株価を高めるために投資プロジェクトの正しい意思決定や企業内資本（人的および物的）の有効活用に向けて努力するインセンティブをもつ．また企業価値を低めるような悪い意思決定を回避するインセンティブを経営者はもつ．このため経営の意思決定の結果としての財務諸表と経営情報が正確に逐次に開示させることが重要となる．もし経営者が企業価値を高める上での意思決定に失敗したならば，株価は下落し配当も支払われないから，経営に失敗した経営者はより多数を占めた株主によって解任され，企業価値をより高めてくれると期待される経営者が株主総会で選任されることになる．

　このようなコーポレート・ガバナンスの実態は高度産業国家である米国，欧州や日本などそれぞれ国によって異なる．どの国においても経営と所有が分離していることは共通である．しかし米国では，ある一定以上の規模をもつ企業では，資本の集中度が極めて低いのに対し，英国やドイツではそれほど顕著ではない．日本では，系列企業による株式持合いや銀行等の金融機関による資本提携が著しい．この結果，日本では企業買収・合併のリスクから経営者が解放されるばかりでなく，安定株主の下で中長期的な経営戦略を採り易いと言われてきた．銀行等の株主は，株主としての配当よりも負債の金利支払いと満期償還に主たる関心がある．これらの金融機関の要求を満足させる限り，経営者は企業価値の増大と企業の存続のための経営に専念できると高度成長期では言われてきた．しかし，今日のグローバル化した経済競争と規制緩和が進行する低成長の下において，日本の企業は従来の資本提携の下でコーポレート・ガバナンスが適正に機能しなくなってきた．また銀行を中心とした間接金融から不特定多数の資本市場による直接金融へと資金調達の方法が大きく変わってきた．このような資金調達の変化の結果，外国人株主や投資ファンドは経営者に欧米型のコーポレート・ガバナンスを求めるようになったのである．営業利益や配当が少な過ぎれば，経

営者は厳しく経営責任を問われるようになった．経営者は，利害が必ずしも一致しない多数のステーク・ホルダーの要求に耳を傾けつつ，投資決定をはじめ様々な経営上の意思決定について説明責任を果たすよう求められる．またステーク・ホルダーや社会が経営者の経営判断を適切に評価するための十分な情報開示が義務付けられるようになった．さらに経営者の行動を監視する監査人の権限が強化されるようになったのも，コーポレート・ガバナンスを実現するための強化策である．

9.3 企業の社会的責任

企業の目的は株価最大化すなわち利潤極大化であることを述べてきた．一方で，企業には社会的存在として数多くの利害関係者が存在し，彼らの求める権利・請求権からの要求に応えなければならない．日本の経営者は株主利益の最大化よりも，従業員の雇用を守り，企業の永続的存続により強い関心をもつと言われてきた．ハイリスク＝ハイリターンな投資を株主が求めたとしても，ローリスク＝ローリターンな投資であっても従業員の利益や地域社会との軋轢が少ない投資決定を選好する傾向がある．これは，企業が長期的利益の最大化が望ましいとみなしているからである．この長期的利益の計算には，将来のキャッシュ・フローの大きさに加えて，現在価値を評価するとき用いられる割引率をある一定以上に高く評価することが前提となる．なぜならば，極めて低い割引率（要求利子率の逆数）の適用は将来収益を極めて低く評価することであるからである．換言すれば，要求利子率が高すぎないことを意味する．この要求利子率を低く，すなわち割引率を高く設定できるためには，長期に亘って高い収益率の投資決定を絶えず行うばかりでなく，良き企業市民としての社会的イメージの向上，より安全で質の高い商品・サービスを提供し続けること，広告活動などを通してPR活動が必要になる．株主ばかりでなく将来の利害関係者をも対象とした企業活動の情報発信が求められる．今日，多くの企業が環境報告書を公表し，ISO50001の収得，国連コンパクトへの参加など企業の**社会的責任** (Corporate Social Responsibility, CSR) に強い関心をもっている．また環境に配慮した経営に熱心な企業へ資金投資する環境ファンドも数多く存在する．企業はこれらのCSRを継続して果たすためには本業である経営活動が順調に利益を挙げるこ

9.3 企業の社会的責任

とが前提である．したがって，このような CSR 活動が企業の長期的利益に結び付いているような形で経営活動を続けることが経営者に求められる．換言すれば，社会的責任を果たす活動は企業収益に貢献しているというビジネス・モデルを確立すべきであろう．利益が出ているときのみの CSR 活動やフィランソロピーや社会貢献活動は，真の CSR ではないことになる．法令遵守や経営倫理，ガバナンスは必要条件であって，それ自体は目的ではなく，CSR と一体化した企業価値の最大化こそが今後の企業に求められる社会的責任となる．

近年，企業を巡るスキャンダルやリスク管理の失敗により企業の株価が下落したり，企業そのものが破綻に追い込まれる事例が少なくない．今日では CSR 活動や社会貢献および危機発生時の適切な対応能力，経営者の倫理的行動こそが企業の目に見えない価値の増大に貢献する重要なシグナルとなっている．組織内に内部告発者を保護する法律（制度）も施行しているが，その理念や精神を経営者は今日より深く理解し，それを推進する義務を負わされている．今後，取締役会の中に CSR や社会的貢献ばかりでなく，経営倫理担当役員が出現するときが訪れるであろう．経営倫理担当役員は投資プロジェクトや商品開発に関して経営倫理の観点からチェック機能の役割を果たすことが求められるのである．

最後に，CSR の高まりの下で，ファイナンスの観点から**社会的責任投資** (Social Responsible Investment, SRI) について述べよう．SRI とは倫理的観点から金融投資をする投資原則である．企業に投資するポートフォリオの選択において単にリスクとリターンの観点ばかりでなく，社会的価値や環境的視点に基づいて投資対象としての企業を選別することである．SRI の具体的な原則として合法的ではあるが社会的に受け入れ難い企業への投資を排除すること，社会的責任を果たすことに熱心な企業をポートフォリオの投資対象として組入れること，および社会的貢献を果たすインセンティブや経営戦略を積極的に奨励するように資金を融通し，株主としての権利を SRI に沿って行使することなどが考えられる．このような SRI は個人投資家ばかりでなくミュチュアルファンドや機関投資家によって実行可能である．SRI の投資パフォーマンスが他の投資ファンドのそれと比較して良いか否かが持続可能性の決定要因となるので，これに関する実証研究や報告がなされている．たとえば S&P500 を指数のベンチマークとして SRI ファンドの実績を Sparkes (2002) は紹介している．Hamilton and

第 9 章　ガバナンスと社会的責任

Statman (1993) は SRI ファンドと他のミュチュアルファンドとの間に有意な差はないと報告している．

演習問題

問題 9.1　株主と経営者との間の利害の不一致をエージェンシー理論によって説明しなさい．

問題 9.2　企業にとってのステーク・ホルダーの範囲について述べなさい．

問題 9.3　日本においてコーポレート・ガバナンスが適正に機能するための条件について考えなさい．

問題 9.4　CSR と投資行動との関係について述べなさい．

演習問題解答

第1章

問題 1.1 1.1 節を参照せよ．

問題 1.2 p.2 を参照せよ．

問題 1.3 1.4 節を参照せよ．

問題 1.4 略．

問題 1.5 p.10 を参照せよ．

問題 1.6 1.3 節を参照せよ．

第2章

問題 2.1

$$3000\left[\frac{1}{1+0.07}+\frac{1}{(1+0.07)^2}+\cdots+\frac{1}{(1+0.07)^5}\right]=12300.59$$

$$3000\left[\frac{1}{1+0.07/4}+\frac{1}{(1+0.07/4)^2}+\cdots+\frac{1}{(1+0.07/4)^{20}}\right]=50258.64$$

問題 2.2

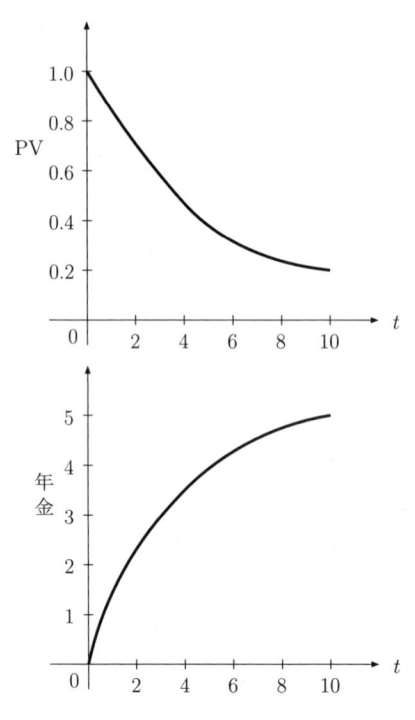

現在価値 (PV) は時間 t の減少関数である．年金の支払額は時間と共に増加するので，年金の現在価値に対する時間の関数は増加関数である．

しかし，1 万円の現在価値は年とともに減少し，毎年，年金に追加される額の現在価値は減少するので，限界的増加は減少する．

問題 2.3

$$\text{NPV} = -5000 + \frac{100}{(1+i)^2} + \frac{2500}{(1+i)^4} + \frac{5000}{(1+i)^6} = 0$$ となる i を求めると
$i = 0.0949$

問題 2.4

$$\text{NPV} = -5000 + \frac{950}{1.1} + \frac{1450}{(1.1)^2} + \frac{1900}{(1.1)^3} + \cdots + \frac{300 + 1000}{(1.1)^6} = 643.00$$

NPV が初めてプラスになる年を求めると，5 年目の NPV は -24.11 で 6 年目で 643.00 であるので，回収期間は 6 年間．

問題 2.5 (2.17) 式を用いて

$$P_0 = \frac{E}{k} + \left(\frac{iE}{k-ir}\right)\left(\frac{r-k}{k}\right)$$
$$= \frac{3000}{0.15} + \left(\frac{3000(0.6)}{0.15-(0.6)(0.18)}\right)\left(\frac{0.18-0.15}{0.15}\right)$$
$$= 20000 + 8571.43 = 28571.43$$

問題 2.6 (2.16) 式より

$$P_0 = \frac{E}{k} + \frac{K}{k}\left(\frac{r-k}{k}\right) = \frac{3000}{0.15} + \frac{800}{0.15}\left(\frac{0.18-0.15}{0.15}\right)$$
$$= 20000 + 1066.67 = 21066.67$$

問題 2.7 $L + r = x$ とおけば (2.2) 式と (2.4) 式より

$$\frac{1}{P_T} - \frac{1}{F_T} = r\left[\frac{1}{1-x^{-T}} - \frac{1}{x^T-1}\right] = r\,\frac{x^T + x^{-T} - 2}{(1-x^{-T})(x^T-1)} = r$$

第 3 章

問題 3.1

(1) $P = 700$ のとき

$$R_A(Q) = 700Q - (2000 + 100Q) = 0, \quad Q = \frac{10}{3} \fallingdotseq 3.33$$
$$R_B(Q) = 700Q - (3000 + 90Q) = 0, \quad Q = \frac{300}{61} \fallingdotseq 4.92$$

$P = 800$ のとき

$$R_A(Q) = 800Q - (2000 + 120Q) = 0, \quad Q = \frac{50}{17} \fallingdotseq 2.94$$
$$R_B(Q) = 800Q - (3000 + 110Q) = 0, \quad Q = \frac{100}{23} \fallingdotseq 4.35$$

(2) 企業 A, B について, (3.1) 式の右辺を 0 にする q をそれぞれ求めると

$$R_A(q_A) = Pq_A - (2000 + 120q_A) = 0, \quad q_A = \frac{2000}{P - 120}$$

$$R_B(q_B) = Pq_B - (3000 + 110q_B) = 0, \quad q_B = \frac{3000}{P - 110}$$

となる. よって, $q_A < q_B$ となる P の値を求めると, $P > 140$ 円となる.

問題 3.2

(1) (3.1) 式より, $Q = 400$ のときの利益を求めると

$$R_C(Q) = 50(400) - (20(400) + 10000) = 2000$$

(2) 400 の 5% は 20 個の売上の減少であるから, $Q = 380$ を (3.1) 式に代入して

$$R_C(Q') = 50(380) - (10000 + 20(380)) = 1400$$

より, $[R_C(Q') - R(Q)]/R_C(Q) = (1400 - 2000)/2000 = -0.3$ (30% の減益).

(3) 固定費が 7500 万円のときの損益分岐点は

$$0 = 50Q - (20Q + 7500) \text{ より}$$
$$Q = 250$$

となる.

問題 3.3

$$\begin{aligned}
E(R(Q)) &= p\mu_Q - (F + c\mu_Q) \\
&= 50(400) - (20(40) + 1000) = 18200 \\
\sigma(R(Q)) &= (p - c)\sigma_Q \\
&= (50 - 20)(15) = 450
\end{aligned}$$

正規化して正規分布表を用いれば

$$P\{R > 3000\} = \Phi\left(\frac{R-2000}{450} > \frac{3000-2000}{450}\right) = 1.32\%$$

$$P\{R < 1100\} = \Phi\left(\frac{R-3000}{450} > \frac{1100-2000}{450}\right) = 2.28\%$$

を得る.

問題 3.4

(1) 業者 A, B のそれぞれの現在価値を求めると

$$A : \frac{1000}{1+0.12\frac{1}{12}} = 990.10 \quad B : \frac{1010}{1+0.12\frac{3}{12}} = 980.58$$

よって業者 B から購入すべきである.

(2) 業者 C の現在価値が業者 A, B の現在価値より小さければよいので

$$C : \frac{P}{1+0.12\frac{6}{12}} < \min\{\text{NPV}_A, \text{NPV}_B\}$$

を満たす P を求めると, $P < 1039.41$ 円となる.

問題 3.5

$$0 = -1000 + \frac{600}{1+r} + \frac{700}{(1+r)^2}, \quad \frac{1}{1+r} = x \text{ とすれば}$$
$$700x^2 + 600x - 1000 = 0$$

となる x を求めると

$$x = \frac{-600 \pm \sqrt{600^2 + 4(700)(1000)}}{1400} = \frac{-3 \pm \sqrt{79}}{7}$$

$r > -1$ であるから $x > 0$. したがって, $x^* = \frac{-3+\sqrt{79}}{7} \fallingdotseq 0.841$ となり

$$r^* = \frac{1}{x^*} - 1 = 0.189$$

問題 3.6

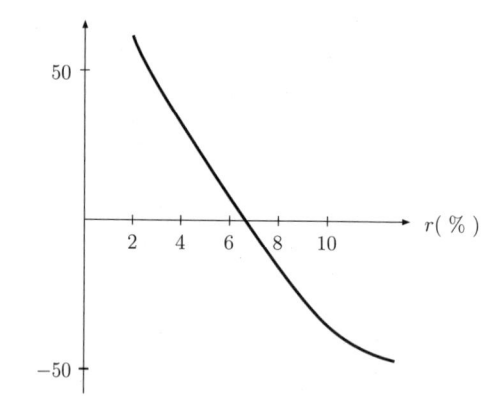

r	NPV
0.02	6,134.6
0.04	3,518.2
0.06	1,123.6
0.08	−1,072.8
0.10	−3,092.0

内部収益率 ≒ 7%
回収期間 = 4.1

問題 3.7

年	0	1	2	3	⋯	10
現金流	700	−35	−35	−35	⋯	−35

$$\text{NPV} = 700 - 35\left(\frac{1}{1+0.1} + \frac{1}{(1+0.1)^2} + \cdots + \frac{1}{(1+0.1)^{10}}\right)$$
$$\fallingdotseq 700 - 215.06 = 484.94$$

問題 3.8

年	期首の薄価	減価償却	期末の薄価
1	1,000.0	200.0	800.0
2	800.0	160.0	640.0
3	640.0	128.0	512.0
4	512.0	102.4	409.6
5	409.6	81.9	327.7
計	3361.6	672.3	2689.3

節税額 = 0
減価償却の節税 = 672.3(0.5)
　　　　　　　 = 336.15

問題 3.9 新株がすべて既存株主によって購入されたならば，(3.18) 式より

$$k = y = 14\%$$

である．もし新株がすべて外部投資家に売却されたならば，(3.19) 式より

$$k = \frac{P}{P'} y = \frac{25(0.14)}{20} = 17.5\%$$

である．もし新株の 40% が外部投資家へ，残り 60% が既存株主へ売却されたならば，(3.20) 式より

$$k = w(0.175) + (1-w)(0.14)$$

となり，w は

$$w = \frac{(1000000)(80000)}{(1200000)(120000) + (1000000)(80000)} = 0.357$$

となって，

$$k = 0.357(0.175) + 0.643(0.140) = 15.25\%$$

となる．

第 4 章

問題 4.1 運転資本の対象である金融資産等は分割可能であるが，不動産や機械設備の固定資産は分割不可能である．

問題 4.2 (4.2) 式より経済発注量 Q^* は

$$Q^* = \sqrt{\frac{2KD}{h}} = \sqrt{\frac{2(200)(25)}{50(0.20)}} \fallingdotseq 31.62$$

となる．次に，(4.6) 式より

$$S^* = Q^* \sqrt{\frac{p}{h+p}} = 31.62 \sqrt{\frac{30}{50(0.2)+30}} \fallingdotseq 27.39$$

となる．

問題 4.3 (4.7) 式より販売期間 30 日，割引率 0.01 の資本効果は

$$P(1-d)\left(\frac{365-kt}{365}\right) = 800(1-0.01)\left(1 - \frac{0.12(10)}{365}\right) = 789.40$$

である．

(i) 30 日で 2% の場合；

$$\text{資本効果} = 800(1-0.02)\left(1 - \frac{0.12(10)}{365}\right) = 781.42$$

$$\text{需要の変動} = \frac{789.40 - 781.42}{789.40}(1.8)(10000) = 181.82 \text{ 単位}$$

(ii) 60 日で 1% の場合；

資本効果はない．したがって，需要の変動もない．

問題 4.4 任意の時期での未払いの受取勘定の総額は，累積回収高に対して累積販売高の超過分である．$S =$ 月間販売高，$x =$ 経過月数，$n =$ 取引における分割支払いの回数，$A(x) =$ 月末 x での未払い受取勘定の総額とすれば

$$A(x) = xS - \frac{S}{n}(1 + 2 + \cdots + (x-1))$$
$$= xS - \frac{S}{n}\frac{x(x-1)}{2} = Sx\left(1 - \frac{x-1}{2n}\right)$$

となる．$S = 5000$, $n = 12$ とすれば，$A(6) = 23750$ 万円，$A(12) = 32500$ 万円となる．

問題 4.5 総期待利潤＝（販売高）×（単位当り期待利潤），損失額＝（販売高）×（回収不能率）であるからリスク・クラスごとの総期待利潤と期待損失額は次の通りである．

リスク・クラス	総期待利潤	期待損失額
1	399	1
2	1,979	21
3	3,149	51
4	3,534	66
5	3,639	81
6	3,739	221
7	3,729	271

第5章

問題 5.1 略.

問題 5.2 案 A の発行株式は 100 万株であり, 案 B の発行株数は 6 万株である. 営業利益を X とすれば案 A, B の EPS はそれぞれ

$$案 A : \text{EPS}_A = \frac{(X-0)(1-0.4)}{100000}$$

$$案 B : \text{EPS}_B = \frac{(X - 0.08(40000000))(1-0.4)}{60000}$$

$\text{EPS}_A = \text{EPS}_B$ となる X を求めると $X = 8,000,000$ となり, このときの $\text{EPS}_A = \text{EPS}_B = 48$ である. もし X が 3800 万円ならば

$$\text{EPS}_A = \frac{38000000(0.6)}{100000} = 228 \text{ 円}$$

$$\text{EPS}_B = \frac{(38000000 - 3200000)(0.6)}{60000} = 348 \text{ 円}$$

となる. 案 A, B の資本コストはそれぞれ 12%, 13% であるので

$$案 A の株価 = \frac{38000000(1-0.4)}{0.12} = 190000000$$

$$案 B の株価 = \frac{(38000000 - 3200000)(0.6)}{0.13} = 160615384.6$$

となり, 案 A は案 B より約 2938 万円大きいが, 案 A では投資家は 4000 万円余分に投資しなければならないので, 案 B が採択される. 投資コストが案

A，Bそれぞれ12%と16%ならば，案Aの株価は同じであるが案Bの株価は130,500,000となって，案Aが選択される．

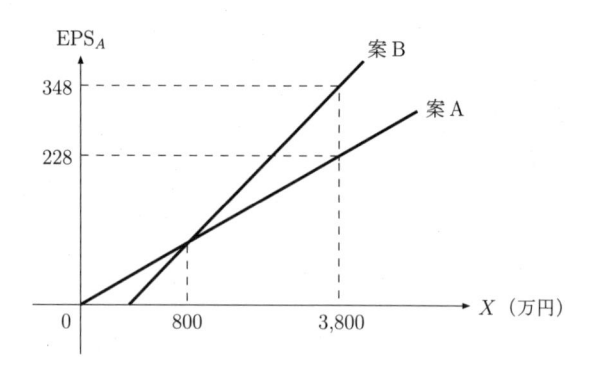

問題 5.3 (5.8)式より I の代りに L を代入して企業 $V = S + L$ を計算すると次の表を得る．

表

負債 L	$L=0$	$L=2,000$	$L=3,000$	$L=4,000$
営業利益	1,000	1,000	1,000	1,000
金利支払額 rL	0	150	240	380
課税所得	1,000	850	760	620
所得税	500	425	380	310
税引後利益	500	425	380	310
株式の価値 (S)	5,263.32	4,250	3,454.5	2,296.3
企業価値 $(S+L)$	5,263.32	6,250	6,454.5	6,296.3

したがって，$L=3000$ のとき企業価値は最大となる．

問題 5.4

(1) 各レベルに対して平均資本コストを求めると

$L = 0$ のとき $\rho = 0(0.07) + 1(0.095) = 0.095$

$L = 2000$ のとき $\rho = \dfrac{2000}{6250}(0.075) + \dfrac{4250}{6250}(0.10) = 0.092$

$L = 3000$ のとき $\rho = \dfrac{3000}{6454.5}(0.08) + \dfrac{3454.5}{6454.5}(0.11) = 0.096$

$L = 4000$ のとき $\rho = \dfrac{4000}{6296.3}(0.095) + \dfrac{2296.3}{6296.3}(0.135) = 0.11$

したがって，ρ は図 5.5(b) のように下に凸の形をしている．

(2) 問題 5.3 と同様に企業価値を計算すれば次の表を得る．

表

負債 L	$L=0$	$L=2{,}000$	$L=3{,}000$	$L=4{,}000$
営業利益	1,000	1,000	1,000	1,000
金利支払額 rL	0	150	240	380
税引後利益	1,000	850	760	620
株式の価値 (S)	10,526.3	8,500	6,909.1	4,592.6
企業価値 $(S+L)$	10,526.3	10,500	9,909.1	8,592.6

$L = 0$ のとき $\rho = 0(0.07) + 1(0.095) = 0.095$

$L = 2000$ のとき $\rho = \dfrac{2000}{10500}(0.075) + \dfrac{8500}{10500}(0.10) = 0.995$

$L = 3000$ のとき $\rho = \dfrac{3000}{9909.1}(0.08) + \dfrac{6909.1}{9909.1}(0.11) = 0.101$

$L = 4000$ のとき $\rho = \dfrac{4000}{8592.6}(0.095) + \dfrac{4592.6}{8592.6}(0.135) = 0.116$

税金が無いときには ρ は資本構成から独立で一定であるという MM 命題は成立しない．上述の例は，資本構成の変化に応じて ρ も変動することを示している．負債の金利が負債額に応じて変動するからである．

問題 5.5 $r(2)$ を 2 年満期の債券の利回りとすれば

$$(1+r(2))^2 = (1+0.09)(1+0.08)$$

となるから，$r(2) = 0.085$ である．

問題 5.6 1 株 500 円に対して 100% 配当すれば，20 万株の株式価値は 200000 千円，資本剰余金と利益剰余金はともにゼロになる．配当比率を 2 対 1 とすれば，株式価値は 100000 千円，資本剰余金は 50000 千円，利益剰余金は 50000 千円となる．

第 6 章

問題 6.1 s を取締役として選任されるに必要な株数とすれば，(6.3) 式より

$$s = \frac{dS}{D+1} + 1 = \frac{2 \times 1000000}{3+1} + 1 = 500001 \text{ (株)}$$

を得る．現在，反対派は 23 万株を保有しているので，3 人の候補者のうち 2 人の取締役を選任するためには，27 万 1 株必要となる．27 万 1 株は中立派の 67.5% に等しいので，4000 万円支払う必要がある．

問題 6.2 引受手数料は問題の表より

$$\begin{aligned}
\text{株主}: &\frac{2}{3}(1,000,000)(25) \fallingdotseq 16,666,667 \\
\text{投資銀行}: &\frac{1}{3}(1,000,000)(85) \fallingdotseq 28,333,333 \\
\hline
&\text{合計 } 45,000,000
\end{aligned}$$

となり，企業の受取金は

$$\begin{aligned}
\text{株主}: &\frac{2}{3}(1,000,000)(3650) \fallingdotseq 2,433,333,333 \\
\text{投資銀行}: &\frac{1}{3}(1,000,000)(3590) \fallingdotseq 1,196,666,667 \\
\hline
&\text{合計 } 3,630,000,000
\end{aligned}$$

となる．

問題 6.3 総資金調達額は $\frac{1}{5}(800,000)(3200) = 512,000,000$ である．

$$引受権の価値 = \frac{3600 - 3200}{5} = 80 \text{ (3600 円が権利落価格のとき)}$$

$$引受権の価値 = \frac{3600 - 3200}{5 + 1} = 67 \text{ (3600 円が権利付価格のとき)}$$

市場価格は適正と仮定しているので，既存株主が引受権の 75% を実行し，残り 25% を売却したならば，株主の富は不変である．

問題 6.4 100% の公募価格であるので，(6.4) 式より

$$T = \left(9 + \frac{1}{25}\right)(0.5) \fallingdotseq 4.52$$

(6.5) 式より

$$100 - 1 = \frac{9 - 4.52}{1 + r_e} + \frac{9 - 4.52}{(1 + r_e)^2} + \cdots + \frac{9 - 4.52}{(1 + r_e)^{25}} + \frac{1000}{(1 + r_e)^{25}}$$
$$r_e \fallingdotseq 4.57\%$$

問題 6.5

勘定項目	事前	転換社債の発行後
金利負担のない負債	50,000	50,000
6.5% 金利の社債	200,000	0
7% の優先株	40,000	40,000
普通株	10,000	20,000
内部留保金	150,000	150,000
資本剰余金	———	190,000
	450,000	450,000

問題 6.6 (6.9) 式より $A = 10551.9$ 千円．すなわち，10551.9 千円を 10% 金利で 5 年預けると，その現在価値は 4000 万円になる．

問題 6.7 (6.12) 式と (6.13) 式より有効利子率 k_e を計算すればよい．$M = 800$

であるから，
$$L = \frac{Q-M}{1-c} = \frac{10000-800}{1-0.2} = 11500$$
$$k_e = \frac{L(1-\tau)}{Q}r = \frac{11500(0.5)}{10000}(0.09) = 0.052$$

第 7 章

問題 7.1 略．

問題 7.2 $u = 11/10$, $d = 9/10$ であるので，リスク中立確率は，(7.7) 式より
$$q = \frac{1 + \frac{1}{20} - \frac{9}{10}}{\frac{11}{10} - \frac{9}{10}} = \frac{3}{4}$$
である．したがって，ヨーロピアンコールオプションの価格は
$$C = \frac{1}{(1+\frac{1}{20})^2} \times \left(\frac{3}{4}\right)^2 \max\{121 - 100, 0\}$$
$$= \frac{75}{7}$$
となる．つぎに複製戦略を求める．
$$21 = (1+r)B_1 + 121\theta_1$$
$$0 = (1+r)B_1 + 99\theta_1$$
より $B_1 = -990/11$, $\theta_1 = 21/22$ を得る．ゆえに $C_u = 15$ となる．また $C_d = 0$ であるので，
$$15 = (1+r)B + 110\theta$$
$$0 = (1+r)B + 90\theta$$
より，$B = -450/7$, $\theta = 3/4$ を得る．

つぎにヨーロピアンプットオプションの価格は
$$P = \frac{1}{(1+\frac{1}{10})^2} \times \left\{2 \times \frac{3}{4} \times \frac{1}{4} \max\{100-99, 0\} + \left(\frac{1}{4}\right)^2 \max\{100-81, 0\}\right\}$$
$$= \frac{625}{441}$$

となる．複製戦略は
$$0 = (1+r)B_1 + 100\theta_1$$
$$75 = (1+r)B_1 + 25\theta_1$$

より $B_1 = 110/21$, $\theta_1 = -1/22$ を得る．ゆえに $P_u = 5/21$ となる．同様に
$$1 = (1+r)B_2 + 99\theta_2$$
$$19 = (1+r)B_2 + 81\theta_2$$

より，$B_2 = 2000/21$, $\theta_2 = -1$ を得る．ゆえに $P_d = 110/21$ となる．
したがって
$$\frac{5}{21} = (1+r)B + 110\theta$$
$$\frac{110}{21} = (1+r)B + 90\theta$$

より，$B = 11650/441$, $\theta = -1/4$ を得る．
また
$$C - P = \frac{75}{7} - \frac{625}{441} = \frac{4100}{441}$$
$$S - \frac{K}{(1+r)^2} = 100 - 100\left(\frac{20}{21}\right)^2 = \frac{4100}{441}$$

よりプットコールパリティが成り立つことも確認できる．

問題 7.3 はじめにアメリカンプットオプションの価格を求める．時刻 $t=1$ では株価が 110 のときは
$$\max\{0, \frac{20}{21} \times \frac{1}{4} \times 1\} = \frac{5}{21}$$

株価が 90 のときは
$$\max\{10, \frac{20}{21} \times \left(\frac{3}{4} \times 1 + \frac{1}{4} \times 19\right)\} = 10$$

となる．したがって時刻 $t=0$ においては
$$\max\{0, \frac{20}{21} \times \left(\frac{3}{4} \times \frac{5}{21} + \frac{1}{4} \times 10\right)\} = \frac{375}{147}$$

を得る．

アメリカンコールの価格は時刻 $t=1$ において $\max\{10, \frac{20}{21} \times \frac{3}{4} \times 21\} = 15$ であるので，時刻 $t=0$ における価格は

$$\max\{0, \frac{20}{21} \times \frac{3}{4} \times 15\} = \frac{75}{7}$$

となり，ヨーロピアンコールオプションの価格と一致する．

問題 7.4 ヨーロピアンコールオプションの価格は 10.450，ヨーロピアンプットオプションの価格は 5.573 であるので，$C - P = 4.877$ となる．これに対して，$S(0) - Ke^{-rT} = 4.877$ よりプットコールパリティが成り立つ．

問題 7.5 (7.30) 式および (7.31) 式より

$$Ax^{*\beta_1} = x^* - I$$
$$A\beta_1 x^{*\beta_1 - 1} = 1$$

である．これを x^* について解けば (7.32) 式を得る．

第 8 章

問題 8.1

年	$A+B$ (千円)	成長率
1	2,300	15.0%
2	2,650	15.2%
3	3,060	15.4%
4	3,540	15.6%
5	4,100	15.9%
6	4,760	16.1%
7	5,530	16.3%
8	6,440	16.5%
9	7,520	16.7%
10	8,790	16.9%

演習問題解答

問題 8.2 (8.6) 式と (8.7) 式が成立する経済的意味を考え，これらの式が前提するデータの評価について考察すればよい．

問題 8.3 8.1 節と 8.2 節を参照せよ．

問題 8.4

(1) 合併前のデータにより

$$\text{企業 } C \text{ の株式収益率 EPS} = 2,000,000/400,000 = 5 \text{ 千円}$$
$$\text{株価} = 0.5(5)/(0.13 - 0.08) = 50 \text{ 千円}$$
$$\text{株式の市場価値} = 50(400,000) = 20,000,000 \text{ 千円}$$
$$\text{企業 } D \text{ の株式収益率 EPS} = 1,000,000/200,000 = 5 \text{ 千円}$$
$$\text{株価} = 0.7(5)/(0.15 - 0.07) = 43.75 \text{ 千円}$$
$$\text{株式の市場価値} = 8,750,000 \text{ 千円}$$

$$\text{株式交換によって企業 } C \text{ の発行株数} = 8,750,000/50 = 175,000 \text{ 株}$$
$$\text{交換率：企業 } D \text{ の 1 株に対して企業 } C \text{ の株 } 0.875 \text{（株）}$$

(2) 合併後の財務データ：

$$\text{企業 } C \text{ の EPS} = 3,000,000/575,000 = 5.217 \text{（千円）}$$
$$\text{企業 } C \text{ の株価} = 0.5(5.217)/(0.135 - 0.085) = 52.16 \text{（千円）}$$
$$\text{企業 } C \text{ の既存株主の株価} = 52.16(400,000) = 20,864,000 \text{（千円）}$$
$$\underline{\text{企業 } C \text{ の新株主の株価} = 52.16(175,000) = 9,128,000 \text{（千円）}}$$
$$\text{合併後の企業 } C \text{ の市場価値} = 52.16(575,000) = 29,992,000 \text{（千円）}$$

問題 8.5

$P_A =$ 企業 A の株価 $\qquad E^* =$ 合併後の EPS
$P_B =$ 企業 B の株価 $\qquad \Pi_A = P_A/E_A$
$N_A =$ 企業 A の株数 $\qquad \Pi_B = P_B/E_B$
$N_B =$ 企業 B の株数 $\qquad \Delta n =$ 企業 B との株式交換によって
$E_A =$ 企業 A の EPS $\qquad\qquad\quad$ 発行される企業 A の株数
$E_B =$ 企業 B の EPS

$\Delta n P_A = N_B P_B$ であり，$\Pi_A > \Pi_B$ である．

$$E^* = \frac{N_A E_A + N_B E_B}{N_A + \Delta n} = \frac{N_A E_A + N_B E_B}{N_A + (\Pi_B E_B / \Pi_A E_A) N_B}$$

$$\frac{E^*}{E_A} = \frac{N_A E_A + N_B E_B}{N_A E_A + (\Pi_B / \Pi_A) N_B E_B}$$

もし $\Pi_B/\Pi_A < 1$ ならば，$E^*/E_A > 1$．すなわち，$\Pi_A > \Pi_B$ ならば，企業 A の EPS は合併によって上昇する．$\Pi_B/\Pi_A > 1$ ならば逆が成立．

第 9 章

問題 9.1 9.2 節を参照せよ．

問題 9.2 9.2 節を参照せよ．

問題 9.3 略．

問題 9.4 9.3 節を参照せよ．

正規分布表

z	0.00	0.01	0.02	0.03	0.04	0.05	0.06	0.07	0.08	0.09
0.0	0.5000	0.5040	0.5080	0.512	0.5160	0.5199	0.5239	0.5279	0.5319	0.5359
0.1	0.5398	0.5438	0.5478	0.5517	0.5557	0.5596	0.5636	0.5675	0.5714	0.5753
0.2	0.5793	0.5832	0.5871	0.5910	0.5948	0.5987	0.6026	0.6064	0.6103	0.6141
0.3	0.6179	0.6217	0.6255	0.6293	0.6331	0.6368	0.6406	0.6443	0.6480	0.6517
0.4	0.6554	0.6591	0.6628	0.6664	0.6700	0.6736	0.6772	0.6808	0.6844	0.6879
0.5	0.6915	0.6950	0.6985	0.7019	0.7054	0.7088	0.7123	0.7157	0.7190	0.7224
0.6	0.7257	0.7291	0.7324	0.7357	0.7389	0.7422	0.7454	0.7486	0.7517	0.7549
0.7	0.7580	0.7611	0.7642	0.7673	0.7704	0.7734	0.7764	0.7794	0.7823	0.7852
0.8	0.7881	0.7910	0.7939	0.7967	0.7995	0.8023	0.8051	0.8078	0.8106	0.8133
0.9	0.8159	0.8186	0.8212	0.8238	0.8264	0.8289	0.8315	0.8340	0.8365	0.8389
1.0	0.8413	0.8438	0.8461	0.8485	0.8508	0.8531	0.8554	0.8577	0.8599	0.8621
1.1	0.8643	0.8665	0.8686	0.8708	0.8729	0.8749	0.8770	0.8790	0.8810	0.8830
1.2	0.8849	0.8869	0.8888	0.8907	0.8925	0.8944	0.8962	0.8980	0.8997	0.9015
1.3	0.9032	0.9049	0.9066	0.9082	0.9099	0.9115	0.9131	0.9147	0.9162	0.9177
1.4	0.9192	0.9207	0.9222	0.9236	0.9251	0.9265	0.9279	0.9292	0.9306	0.9319
1.5	0.9332	0.9345	0.9357	0.9370	0.9382	0.9394	0.9406	0.9418	0.9429	0.9441
1.6	0.9452	0.9463	0.9474	0.9484	0.9495	0.9505	0.9515	0.9525	0.9535	0.9545
1.7	0.9554	0.9564	0.9573	0.9582	0.9591	0.9599	0.9608	0.9616	0.9625	0.9633
1.8	0.9641	0.9649	0.9656	0.9664	0.9671	0.9678	0.9686	0.9693	0.9699	0.9706
1.9	0.9713	0.9719	0.9726	0.9732	0.9738	0.9744	0.9750	0.9756	0.9761	0.9767
2.0	0.9772	0.9778	0.9783	0.9788	0.9793	0.9798	0.9803	0.9808	0.9812	0.9817
2.1	0.9821	0.9826	0.9830	0.9834	0.9838	0.9842	0.9846	0.9850	0.9854	0.9857
2.2	0.9861	0.9864	0.9868	0.9871	0.9875	0.9878	0.9881	0.9884	0.9887	0.9890
2.3	0.9893	0.9896	0.9898	0.9901	0.9904	0.9906	0.9909	0.9911	0.9913	0.9916
2.4	0.9918	0.9920	0.9922	0.9925	0.9927	0.9929	0.9931	0.9932	0.9934	0.9936
2.5	0.9938	0.9940	0.9941	0.9943	0.9945	0.9946	0.9948	0.9949	0.9951	0.9952
2.6	0.9953	0.9955	0.9956	0.9957	0.9959	0.9960	0.9961	0.9962	0.9963	0.9964
2.7	0.9965	0.9966	0.9967	0.9968	0.9969	0.9970	0.9971	0.9972	0.9973	0.9974
2.8	0.9974	0.9975	0.9976	0.9977	0.9977	0.9978	0.9979	0.9979	0.9980	0.9981
2.9	0.9981	0.9982	0.9982	0.9983	0.9984	0.9984	0.9985	0.9985	0.9986	0.9986
3.0	0.9987	0.9987	0.9987	0.9988	0.9988	0.9989	0.9989	0.9989	0.9990	0.9990
3.1	0.9990	0.9991	0.9991	0.9991	0.9992	0.9992	0.9992	0.9992	0.9993	0.9993
3.2	0.9993	0.9993	0.9994	0.9994	0.9994	0.9994	0.9994	0.9995	0.9995	0.9995
3.3	0.9995	0.9995	0.9995	0.9996	0.9996	0.9996	0.9996	0.9996	0.9996	0.9997
⋮										

数値は $\Phi(x) = \frac{1}{2\pi} \int_{-\infty}^{z} \exp(-\frac{x^2}{2}) dx$ を小数第 5 位で四捨五入した値

参考文献

1) 飯原慶雄 (1980)：財務理論の研究―CAPM をめぐる諸問題，白桃書房
2) 飯原慶雄 (1980)：投資決定論，日本経済評論社
3) 今井潤一 (2004)：リアルオプション，中央経済社
4) 大村敬一，俊野雅司 (2000)：証券投資理論入門，日経文庫
5) 木島正明 (1999)：期間構造モデルと金利デリバティブ，朝倉書店
6) 木村俊一 (2011)：ファイナンス数学，ミネルヴァ書房
7) 久保田敬一 (2001)：よくわかるファイナンス，東洋経済新報社
8) 久保田敬一 (1988)：オプションと先物―ニュー・ファイナンス入門，東洋経済新報社
9) 久保田敬一 (2006)：コーポレートファイナンス，東洋経済新報社
10) 経済法令研究会編 (2006)：金融 CSR 総覧，経済法令研究会
11) 小林孝雄 (1990)：株価のファンダメンタル・バリュー，西村清彦，三輪芳朗編：日本の株価・地価，東京大学出版会，285–319
12) 佐藤進平，鈴木淳生，澤木勝茂 (2009)：「ある種のダブルバリア型エクイティリンク債の評価」，日本経営数学会誌，第 29 巻 第 2 号，79–94
13) 澤木勝茂 (1994)：ファイナンスの数理，朝倉書店
14) 澤木勝茂 (2009)：「サブプライム・ローンによる金融危機と金融工学」，日本オペレーションズ・リサーチ，第 54 巻 第 10 号，625–630
15) 澤木勝茂，八木恭子 (2011)：証券投資理論，ミネルヴァ書房
16) 鈴木淳生，澤木勝茂 (2006)：「償還条項付き永久アメリカンオプションの価格式について」，*Transactions of the Operations Research Society of Japan* (和文論文誌)，**49**，19–31

17) 瀬古進, 鈴木淳生, 澤木勝茂 (2005):「償還条項付きアメリカンオプションの評価について」, 現代ファイナンス, No.17, 83-96
18) 田畑吉雄 (1993): 数理ファイナンス論, 牧野書店
19) 仁科一彦, 倉澤資成 (2009): ポートフォリオ理論—基礎と応用, 中央経済社
20) 古川浩一, 蜂谷豊彦, 中里宗敬, 今井潤一 (1998): 基礎からのコーポレート・ファイナンス, 中央経済社
21) 三上哲治 (1989): 転換社債の基礎と投資戦略, 東洋経済新報社
22) 村松司叙 (1981): 財務管理入門, 同文舘
23) 室町幸雄 (2007): 信用リスク計測と CDO の価格付け, 朝倉書店
24) 諸井勝之助 (1989): 経営財務講義 (第 2 版), 東京大学出版会
25) 八木恭子, 澤木勝茂 (2005):「償還条項付き転換社債の評価について」, 経営財務研究, 第 23 巻 第 2 号, 68-84
26) 若杉敬明 (1988): 企業財務, 東京大学出版会
27) 若杉敬明 (2004): 入門ファイナンス, 中央経済社
28) 若杉敬明, 斎藤進, 丸山宏 (1998): 経営財務, 有斐閣
29) Bazerman, M. (2002): *Judgment in Managerial Decision Making*, 5th Edition, John Wiley
30) Black, F. and Scholes, M. (1973): "The Pricing of Options and Corporate Liabilities," *Journal of Political Economy*, **81**, 637-654
31) Bodie, Z., Kane, A., and Marcus, A. (2005): *Investments*, 6th Edition, McGraw Hill
32) Brealey, R.A. and Myers, S.C. (2000): *Principles of Corporate Finance*, 6th Edition, McGraw Hill
33) Brealey, R.A., Myers, S.C., and Allen, F. (2005): *Corporate Finance*, 8th Edition, McGraw Hill
34) Bremer, M. and Kobayashi, A. (2006): *An Introduction to Corporate Finance*, Hakuto Shobo Pub. Co.
35) Brennan, M.J. and Schwartz, E.S. (1977): "Convertible Bonds: Valuation and Optimal Strategies for Call and Conversion," *Journal of Finance*, **32**, 1699-1715

36) Brennan, M.J. and Schwartz, E.S. (1980): "Analyzing Convertible Bonds," *Journal of Financial Quantitative Analysis*, **15**, 907–929
37) Cox, J.C., Ingersoll, J.E., and Ross, S.A. (1985): "A Theory of the Term Structure of Interest Rates," *Econometrica*, **53**, 385–407
38) Cox, J.C., Ross, S.A., and Rubinstein, M. (1979): "Option Pricing: A Simplified Approach," *Journal of Financial Economics*, **7**, 229–263
39) Dixit, A.K. and Pindyck, R.S. (1994): *Investment under Uncertainty*, Princeton University Press
40) Elton, E.J., Gruber, M.J., Brown, S.J., and Goetzmann, W.N. (2003): *Modern Portfolio Theory and Investment Analysis*, 6th Edition, John Wiley
41) Fama, E.F. (1970): "Efficient Capital Markets: A Review of Theory and Empirical Work," *Journal of Finance*, **25**, 383–417
42) Fama, E.F. (1991): "Efficient Capital Market II," *Journal of Finance*, **46**, 1575–1617
43) Fama, E.F. and French, K.R. (1993): "Common Risk Factors in the Returns on Stocks and Bonds," *Journal of Financial Economics*, **33**, 3–56
44) Fama, E.F. and Miller, M.H. (1972): *The Theory of Finance*, Holt, Rinehart, and Winston
45) Fabozzi, F.J., Editor (2008): *Handbook of Finance*, Vols I, II, III, John Wiley
46) Hamilton, S., Jo, H., and Statman, M. (1993): "Doing well while doing good? The investment performance of socially responsible mutual funds," *Financial Analysts Journal*, 62–66
47) Harris, M. and Raviv, A. (1979): "Optimal Incentive Contracts with Imperfect Information," *Journal of Economic Theory*, **20**, 231–259
48) Harris, M. and Raviv, A. (1991): "The Theory of Capital Structure," *Journal of Finance*, **46**, 297–355
49) Ingersoll, J.E., Jr. (1987): *Theory of Financial Decision Making*, Row-

man & Littlefield, Studies in Financial Economics
50) Jarrow, R.A. (1988): *Finance Theory*, Prentice-Hall
51) Karatzas, I. and Shreve, S.E. (1998): *Methods of Mathematical Finance*, Springer
52) Kifer, Y. (2000): "Game options," *Finance and Stochastics*, **4**, 443–463
53) Knight, F.H. (1921): *Risk, Uncertainty, and Profit*, Houghton Mifflin
54) Mao, J.C.T. (1969): *Quantitative Analysis of Financial Decisions*, Macmillan
55) Markowitz, H.M. (1959): *Portfolio Selection: Efficient Diversification of Investments*, John Wiley
56) Mayer, C., Pence, K., and Sherlund, S.M. (2009): "The Rise in Mortgage Defaults," *Journal of Economic Perspectives*, **23**, 27-50
57) Miller, M.H. (1977): "Debt and Taxes," *Journal of Finance*, **32**, 261–275
58) Miller, M.H. (1988): "The Modigliani-Miller Proposition after Thirty Years," *Journal of Economic Perspectives*, **2**, 99–120
59) Miller, M.H. and Modigliani, F. (1961): "Dividend Policy Growth, and the Valuation of Shares," *Journal of Business*, **34**, 411–433
60) Modigliani, F. and Miller, M.H. (1958): "The Cost of Capital, Corporation Finance and the Theory of Investment," *American Economic Review*, **48**, 261–297
61) Neftci, S.N. (2004): *Principles of Financial Engineering*, Elsevier
62) Robichek, A.A. and Myers, S.C. (1965): *Optimal Financing Decisions*, Prentice-Hall
63) Ross, S.A., Westerfield, R.W., and Jaffe, J.F., 大野薫訳 (2002): *Corporate Finance* (コーポレートファイナンスの原理 第6版), 金融財政事情研究会
64) Ross, S.A. (1977): "The Determination of Financial Structure: The Incentive-Signaling Approach," *Bell Journal of Economics*, **8**, 23–40
65) Ross, S.M. (1999): *An Introduction to Mathematical Finance*, Cambridge

66) Schonbucher, P.J. (2003): *Creit Derivatives Pricing Models*, John Wiley
67) Shreve, S.E. (2004): *Stochastic Calculus for Finance I*, Springer
68) Sîrbu, M. and Shreve, S.E. (2004): "Perpetual Convertible Bonds," *SIAM Journal on Control and Optimization*, **43**, 58–85
69) Sîrbu, M. and Shreve, S.E. (2006): "A Two-Person Game for Pricing Convertible Bonds," *SIAM Journal on Control and Optimization*, **45**, 1508–1539
70) Soros, G. (2009): "My three steps to financial reform," *Financial Times*, June 17
71) Sparkes, R. (2002): *Socially Responsible Investment: A Global Revolution*, John Wiley
72) Suzuki, A. and Sawaki, K. (2006): "The Pricing of Perpetual Game Put Options and Optimal Boundaries," *Recent Advances in Stochastic Operations Research*, World Scientific, 175–188
73) Tirole, J. (2006): *The Theory of Corporate Finance*, Princeton University Press
74) Weston, J.F. and Brigham, E.F. (1972): *Managerial Finance*, 4th Edition, Holt Rinehart Winston
75) Yagi, K. and Sawaki, K. (2005): "The Valuation and Optimal Strategies of Callable Convertible Bonds," *Pacific Journal of Optimization*, Yokohama Publishers, **1**, 375–386
76) Yagi, K. and Sawaki, K. (2007): "On the Valuation and Optimal Boundaries of Convertible Bonds with Call Notice Periods," *Recent Advances in Stochastic Operations Research*, World Scientific, 189–202
77) Yagi, K. and Sawaki, K. (2010): "The Valuation of Callable-Puttable Reverse Convertible Bonds," *Asia-Pacific Journal of Operational Research*, **27**, 189–209

索　引

ア　行

アーリーバード　66
相対（あいたい）取引　11, 94
アウト・オブ・ザ・マネー　117
アット・ザ・マネー　117
アメリカン
　　──オプション　115
　　──コールオプション　128
　　──プットオプション　129
安全在庫　64
イン・ザ・マネー　116
受取勘定　65
受取手形　27, 59
運転資金　59
運転資本　59, 60
エージェンシー理論　156
応募割引額　97
オプション　2, 9, 95, 115
オプション市場　9

カ　行

回収期間　22, 43
　　──による基準　43
確実等価法　46
格付け　67
確率微分方程式　134
確率分布　46
確率変数　45
貸出予約枠　108

加重平均　78
合併　143
株価　4, 87
株価収益率　29, 86
株式　2, 3, 17, 38, 71
株式市場　10
株式収益率　28, 75
株主総会　4, 95
株主割当　97
可変費　34
完全な市場　10, 11
元本　16
管理費　34
機会費用　18, 61
期間構造　82
企業価値　4, 38, 75, 87, 159
企業間信用　108
期待収益　2
期待値　46, 47
キャッシュ・フロー　3
　　──計算書　27
金融危機　7, 136
金融資産　7
金融商品　2, 3, 95
金融投資　3, 6, 17, 73
金融派生商品　⇒デリバティブ
金利　6, 13
クーポン　6, 98
経済発注量モデル　62
限界営業利益率　29
減価残高倍掛法　52
減価償却　51

187

──費　34
　　　──法　51
現金比率　27
現金流　38, 42
現在価値　3, 11, 14
　　　負債の──　47
　　　割引──　90
現物市場　9
効率的市場　10
　　　完全で──　5, 7
効率的な市場　10
　　　完全で──　45, 87
コーポレート・ガバナンス　156
コーポレート・ファイナンス　1
コールオプション　115
　　　CDD──　127
　　　HDD──　128
　　　永久──　129
国債　8
固定資産税　34
固定資本　59
固定費　34

サ 行

債券　2, 17
在庫管理　61
　　　大域的──　62
在庫費用　62
裁定機会　45
　　　──の無存在　11
裁定利潤　133
最適償還政策　132
最適停止問題　128
最適転換政策　132
最適法人税──減価償却法　51
財務計画　27
債務償還計画　104
財務諸表　27
財務比率　27
先物市場　9
先物取引　114

先渡し　9
先渡取引　114
サプライチェーン・マネジメント　⇒大域的在庫管理
時間価値　14
資金回転率　29
資金管理　60
仕組債　125
実物投資　3, 6, 17, 73
支払勘定　65
支払手形　59
支払能力の尺度　28
資本構成　2, 47, 80, 89
資本コスト　2, 47, 78
　　　株式の──　49
資本市場　2, 5, 9, 88
資本損失　6
資本の再構成　149
資本利得　6
社会的責任　158
社会的責任投資　159
社債　3
　　　──の償還　99
収益　6, 38
　　　──性の尺度　28
　　　──評価法　24
　　　──率　6, 18
純正味現在価値　11
償還権　102
償還債　99
証券
　　　金融──　9
　　　無リスク──　8
　　　リスク──　9
正味現在価値　13, 14, 38, 43, 47
　　　──による基準　39
将来価値　3, 15
将来収益
　　　調整された──　24
除却の意思決定　53
処分価値　53
新株引受権比率　97

188

索　引

信用期間　66
信用デリバティブスワップ　138
信用取引リスク　65
信用販売枠　69
ステーク・ホルダー　4, 155
ストック・オプション　96
スポット市場　⇒現物市場
スポットレート　⇒利子率
潜在的利益　67
損益計算書　27
損益分岐点　35
損益分岐分析　34

タ 行

ターム・ローン　104
貸借対照表　27, 72
ダブルバリア型エクイティリンク債　125, 126
短期金利　85
長期金利　85
定額法　52
抵当権付社債　99
定率法　52
デリバティブ　2, 95, 113
デルタ・ヘッジ戦略　10
転換価格　101
転換価値　102, 133
転換期間　102
転換社債　95, 101, 132
転換比率　101
天候デリバティブ　127
店頭取引　9
投資機会評価法　25
動的計画法　54
独占禁止法　146

ナ 行

内部収益率　20, 40
　　　──による基準　40
内部留保金　38

日経平均株価　7
年間利子率　16

ハ 行

買収　143
配当　4, 6
　　　──評価法　24
ハイリスク＝ハイリターン　2
　　　──の原則　7
破綻　67, 150
　　　──リスク　73
販売期間　65
　　　──の最適化　66
標準偏差　6
費用便益比率　42
　　　──による基準　42
ファンダメンタル・バリュー　11
不確実性　6, 36, 45, 61
複利　16
　　　連続──　16
負債　38, 71, 74, 76, 87
　　　──・資産比率　27
　　　──による資金調達の効果　74
プットオプション　115
　　　CDD──　127
　　　HDD──　128
プットコールパリティ　121
負の投資の意思決定　55
ブラウン運動　6
不良債権　65
分散　2
　　　──共分散　61
平均
　　　加重──　47
　　　──資本コスト　48
　　　──資本コスト法　47
法人税　51
ポートフォリオ　6, 7
　　　──選択問題　3, 6, 61
補償預金残高　109
ボラティリティ　⇒標準偏差　77

マ 行

マルチンゲール　135
名目利子率　⇒年間利子率
持ち株会社　147

ヤ 行

有価証券　2, 3, 17
優遇貸出金利　109
有効利子率　99
優先株　95
ヨーロピアン
　　──オプション　115
　　──コールオプション　115
　　──プットオプション　120, 122
予算化　33
予算管理　30

ラ・ワ行

ランダム・ウォーク　5
リアルオプション　130
リース　106
リード・タイム　64
利子　16
利子支払率　27, 28
利子率　16, 38
　　無リスク──　38
リスク　2, 6
　　インフレ──　7
　　為替──　7
　　カントリー──　7
　　金利──　7
　　経営者──　7
　　市場──　7
　　信用──　7
　　──の尺度　2
　　変動──　7
　　──回避度　6
　　──資産　6
　　──尺度　6
　　──中立確率　10, 46, 119
　　──調整済割引法　46
　　──ヘッジ　10
リターン　2, 6
利回り　6, 82
　　──曲線　82, 83
流動資産　27
流動性の尺度　27
流動性比率　27
ローリスク＝ローリターン　2, 61
割引率　42, 65

欧　文

Arrow and Pratt　6
B/C　⇒費用便益比率による基準
Black-Scholes　128
CDS　⇒信用デリバティブスワップ
CRR　128
CSR　158
M&A　143
Markowitz　2, 61
MM命題　80
Modigliani and Miller　2, 80
Samuelson　13
SRI　159

《監修者紹介》

木村俊一(きむら・としかず)

　1953年　横浜市に生まれる
　1981年　京都大学大学院工学研究科数理工学専攻博士後期課程修了，工学博士（京都大学）
　　　　　北海道大学大学院経済学研究科教授を経て
　現　在　関西大学環境都市工学部教授
　　　　　北海道大学名誉教授
　主　著　『金融工学入門』実教出版，2002年
　　　　　『確率と統計』（共著）朝倉書店，2003年
　　　　　『ファイナンス数学』ミネルヴァ書房，2011年

《著者紹介》

澤木勝茂(さわき・かつしげ)

- 1944年　生まれ
- 1977年　ブリティシュ・コロンビア大学経営大学院博士課程修了 (Ph. D.)
- 1997年　京都大学博士 (工学)
- 現　在　南山大学大学院ビジネス研究科教授
- 主　著　『ファイナンスの数理』朝倉出版, 1994年
  『OR 入門』(共著) 実教出版, 1984年

鈴木淳生(すずき・あつお)

- 1972年　生まれ
- 2006年　南山大学大学院数理情報研究科博士後期課程修了, 博士 (数理情報学)
- 現　在　名城大学都市情報学部准教授
- 主　著　"The Valuation of Russian Options for Double Exponential Jump Diffusion Processes", *Asia Pacific Journal of Operational Research*, Vol 27, World Scientific, 2010.
  "The Pricing of Perpetual Game Put Options and Optimal Boundaries", *Recent Advances in Stochastic Operations Research*, World Scientific, 2007.

Minerva ファイナンス講座③
コーポレート・ファイナンス

2011年8月30日　初版第1刷発行　　　　検印廃止

定価はカバーに表示しています

監修者	木　村　俊　一
著　者	澤　木　勝　茂
	鈴　木　淳　生
発行者	杉　田　啓　三
印刷者	坂　本　喜　杏

発行所　株式会社　ミネルヴァ書房
607-8494　京都市山科区日ノ岡堤谷町1
電　話 (075) 581-5191 (代表)
振替口座・01020-0-8076

©澤木・鈴木, 2011　　冨山房インターナショナル・新生製本

ISBN978-4-623-06026-9
Printed in Japan

Minerva ファイナンス講座（全5巻）

監修　木村俊一
体裁：Ａ5版・上製・各巻平均300頁

＊第1巻　ファイナンス数学
　　　　　木村俊一 著

　第2巻　証　券　投　資　理　論
　　　　　澤木勝茂／八木恭子 著

＊第3巻　コーポレート・ファイナンス
　　　　　澤木勝茂／鈴木淳生 著

　第4巻　派生資産の価格付け理論
　　　　　木村俊一 著

＊第5巻　リスクマネジメント
　　　　　菅野正泰 著

（＊は既刊）

————— ミネルヴァ書房 —————

http:/www.minervashobo.co.jp/